AF242872

ORAISON FUNÈBRE

DU GÉNÉRAL

DE LA MORICIÈRE

PRONONCÉE DANS LA CATHÉDRALE DE NANTES

LE MARDI 17 OCTOBRE 1865

PAR

Mᵍʳ L'ÉVÊQUE D'ORLÉANS

DE L'ACADÉMIE FRANÇAISE

～✺～

PARIS	ORLÉANS
CH. DOUNIOL, LIBRAIRE	A. BLANCHARD, LIBRAIRE
RUE DE TOURNON, 29	RUE BANNIER, 11.

1865

ORAISON FUNÈBRE

DU GÉNÉRAL

DE LA MORICIÈRE

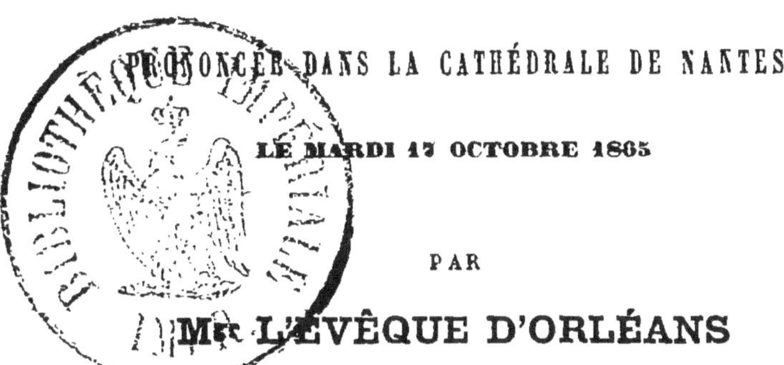

PRONONCÉE DANS LA CATHÉDRALE DE NANTES

LE MARDI 17 OCTOBRE 1865

PAR

Mgr L'ÉVÊQUE D'ORLÉANS

DE L'ACADÉMIE FRANÇAISE

PARIS | ORLÉANS

CH. DOUNIOL, LIBRAIRE | A. BLANCHARD, LIBRAIRE

Rue de Tournon, 29. | Rue Bannier, 12.

1865

BREF DE SA SAINTETÉ PIE IX

A Mgr L'ÉVÊQUE D'ORLÉANS

PIE IX PAPE.

Vénérable Frère, Salut et Bénédiction Apostolique.

La renommée avait déjà porté jusqu'à Nous cette éloquente oraison funèbre que vous avez prononcée en l'honneur du glorieux général de La Moricière. Vous avez célébré son courage guerrier, l'élévation de son esprit, la sincérité de sa foi ; et cet homme, qu'on avait vu toujours vainqueur dans les combats, et qui s'était illustré aussi dans les périls des révolutions, vous l'avez montré plus grand encore par la constance de son âme dans l'adversité, par la magnanimité avec laquelle il a bravé les contradictions, les périls, la défaite même, pour voler au secours de la plus sainte des causes, et enfin par sa piété et par l'exercice de toutes les vertus dans les devoirs de la vie privée, et devant la mort. Aussi avons-Nous été charmé de recevoir de vous un exemplaire imprimé de ce bel éloge funèbre. Votre discours nous a été d'autant plus agréable, que, tout en payant à ce grand homme un juste tribut de louanges, ce discours enseignait à tous que ce n'est pas le succès qui fait la vraie et solide gloire, mais bien la vertu et la justice, après lesquelles vient toujours la vraie gloire. Nous vous félicitons d'avoir rendu à la vérité ce nouveau et très-éclatant service : et en gage de Notre particulière affection, Nous vous accordons, à vous et à tous les fidèles de votre diocèse, du fond de Notre cœur, Notre Bénédiction Apostolique.

Donné à Rome, à Saint-Pierre, le 8 novembre 1865, de notre pontificat le 20e.

PIE IX Pape.

PIUS P.P. IX.

Venerabilis Frater, salutem et Apostolicam Benedictionem.

Fama ad Nos jam pervenerat disertissimæ illius orationis, qua funus ornaveras clarissimi ducis La Moricière, ejusque bellicam virtutem, altitudinem animi, fidei ingenuitatem sic audientibus suggesseras, ut qui invictus in acie et inclytus in civilium perturbationum discrimine visus fuerat, multo præstantior appareret firmitate propositi inter adversa, magnanimitate inter censuras, pericula, cladem ingruentes, in susceptam sanctissimæ causæ tutelam, studio pietatis omniumque virtutum exercitio inter domesticæ vitæ curas et mortis agones. Pergrato igitur animo excepimus nobile istud encomium typis editum, illudque eo acceptius habuimus, quod dum meritas tribuit illustri viro laudes, documento sit omnibus, non a prospero rerum exitu gigni veram solidamque gloriam, sed a virtute ac justitia, easque firmo gressu sectari. Gratulamur itaque tibi quod novum hoc splendidissimumque veritati tribueris obsequium ; præcipuæque charitatis Nostræ pignus tibi gregique tuo universo Benedictionem Apostolicam peramanter impertimus.

Datum Romæ apud S. Petrum die 8 novembris 1865.

Pontificatus Nostri anno XX.

PIUS P.P. IX.

ORAISON FUNÈBRE

DU

GÉNÉRAL DE LA MORICIÈRE

Sumet scutum inexpugnabile œquitatem.
Son bouclier fut la justice et l'honneur.
(*Sagesse*, v, 16.)

Messeigneurs,

Messieurs,

Cette noble existence que nous venons célébrer, trop tôt ravie à nos vœux et à la France, mérite le respect et défie l'insulte, car elle eut pour bouclier l'honneur. Quiconque respire l'honneur, quiconque aime à rencontrer sur ses pas les nobles natures, les cœurs vaillants, les grandes actions, s'incline devant cette tombe.

Je ne traverse jamais une partie du sol français, sans être ému par son histoire autant qu'ébloui par sa beauté, car j'y trouve partout l'honneur. Aujourd'hui j'arrive de la ville de Jeanne d'Arc, dans la terre de Du Guesclin; j'ai devant moi la Bretagne et la Vendée, et mon âme est fixée tout entière sur la mémoire d'un soldat que l'armée, la patrie, l'Église ont appelé d'une commune voix un héros, et qui, victorieux ou abattu, garda pour bouclier l'honneur : *Sumet scutum inexpugnabile œquitatem.*

Je voudrais, Messieurs, lui emprunter quelque chose de sa bravoure, ne pas trembler devant la mort et me sentir ferme, impassible, sous le coup qu'elle a frappé. Mais je suis vaincu, ma voix tremble pour parler d'un homme qui ne trembla jamais; et au moment de vous raconter sa vie, sa mort, sa destinée, sa gloire, je sens passer dans mes veines un secret frémissement de respect, d'étonnement, d'admiration, de faiblesse et de douleur. Pardonnez à mon émotion. Ce n'est pas une existence depuis longtemps passée dans l'histoire que j'honore; c'est un mort qui vivait hier que je pleure avec vous; et je viens, faisant effort sur ma douleur, vous dire simplement en quoi cette gloire fut pure, originale, supérieure, tout à fait à part et impérissable.

Si la louange, la plainte, la politique s'attendent à être ici satisfaites, elles se trompent, et je voudrais d'abord les bannir de ce temple. Devant les leçons de la mort, la politique est trop vaine, et mon ministère ne la connaît pas. Devant une si noble vie, la plainte serait ingrate : au lieu d'accuser Dieu de nous enlever de tels amis, remercions-le de nous les avoir donnés. Soyons tristes devant les honteux spectacles; mais soyons heureux et fiers devant les grandes âmes. Quant à l'emphase, à la flatterie, elles seraient indignes du Dieu que nous servons et de l'homme que nous pleurons. Les tombes célèbres sont trop souvent empoisonnées par des louanges injustes, suivies d'un profond oubli. A quoi bon, d'ailleurs, des guirlandes autour d'un canon, d'un sabre et d'un crucifix?

La vérité est que, dans notre siècle, on n'admire pas assez, et on loue trop. Je ne veux pas le louer; je veux seulement proposer à votre admiration les hauts faits et les mobiles de cette vie mémorable, et parler beaucoup moins de sa personne que des sentiments, des vertus et des croyances, source profonde où il puisa, dans les deux grandes phases qui partagent sa vie, dans la prospérité et dans l'épreuve, l'inviolable honneur : *Sumet scutum inexpugnabile æquitatem.* Il me semble que je l'entends lui-même se soulever de sa couche et me crier : « Ne parlez pas tant de moi; parlez de la France, de l'armée, de la société, de l'Église; si vous m'aimez, parlez de ce que j'ai passionnément aimé! »

O vous qui n'avez pas craint la mitraille, mais qui auriez fui devant la vile armée de flatteurs, rassurez-vous, général! Si j'essaye, en allant droit devant moi, comme vous alliez au feu, de rappeler ce que vous avez été comme soldat, comme citoyen, comme catholique, je veux surtout louer en votre nom, et les regards sur votre tombeau, l'armée, la patrie, la foi, qui vous virent debout pour leur service.

En vous obéissant, d'ailleurs, je me complais à moi-même, car ce que vous avez aimé, je l'aime ; et vous comme moi, Messieurs, oui, vous aimez la patrie, heureuse ou malheureuse, puissante ou menacée, dans la gloire ou dans l'infortune. Ni les malheurs, ni les humiliations, ni les ingratitudes, ni les disgrâces, non, rien ne peut nous séparer de l'amour de la France. Et vous aimez l'armée, qui est l'épée de la France ; et vous aimez l'Eglise, dont la France est la noble fille, l'Eglise qui est la patrie de notre foi et la mère de nos âmes : hommes de ce temps, vous aimez les choses antiques et éternelles, comme il les aima lui-même, sans cesser d'être de son siècle et de son pays ; sans vains regrets, sans arrière-pensée, sans fausses comparaisons, sans réserves pénibles.

Mais ce n'est point assez, Messieurs, dans ce bouillant soldat, vous retrouverez tout ce qui charme, éblouit, enflamme ou attendrit les hommes : la jeunesse, la franchise, l'audace, la force, la gaîté, la fougue, la renommée, je dirais presque l'étoile ; puis la foi, le sacrifice, la soumission, la disgrâce, l'abnégation, la douleur patiente et la ferme résignation, tous les traits du naturel le plus privilégié aux prises avec une destinée, éclatante avant d'être frappée... Un homme est un prisme : les rayons de Dieu le traversent. Ce n'est pas lui qui est beau, ce sont les rayons, c'est Dieu ; mais on ne les verrait pas sans lui. Je voudrais en faire tomber devant vous sur cette chère et héroïque mémoire le mélancolique reflet.

L'héroïsme, Messieurs, si je vous le demande, vous me direz vous-mêmes que ses rayons les plus vifs ont illuminé la vie, prospère ou malheureuse, et se réunissent sur le front de Léon-Christophe de La Moricière.

Laissez-moi donc saluer dans un même homme, vainqueur ou vaincu, le héros militaire, patriotique et chrétien, saluer en lui l'armée, la nation, l'Eglise, saluer avec joie cette grande portion d'héroïsme départie à notre pays et à notre temps, toujours vivante, et qui nous survivra.

J'ai dit : vainqueur ou vaincu.

Cette antithèse, ce n'est pas moi qui la mets dans cette vie : c'est Dieu qui l'y a mise. Et je dois l'y montrer, parce qu'elle y est.

Dieu a coupé en deux cette vie, je ne puis le taire.

Oui, il a plu à Dieu de retourner contre lui ses plus brillantes gloires, et de le renverser lui-même sous leurs ruines.

Mais ce fut là, dans cette épreuve même, qu'il trouva sa gloire la plus noble : et vous verrez que le vaincu, en lui, fut plus grand encore que le vainqueur.

Commençons.

I.

Je puis être bref sur l'héroïsme militaire ; car je suis en France ; je parle entre la Bretagne et la Vendée, et parmi les serviteurs du *Dieu des armées*, je suis un ministre de paix.

N'attendez pas d'un évêque qu'il admire l'armée et la guerre, comme un soldat aime le cheval et la poudre. Non ! en face du Dieu qui versa son sang pour réconcilier les hommes, je déplore ce mystère douloureux de la guerre, et je prie chaque jour afin qu'elle soit évitée, supprimée même, s'il se peut !... Mais qui donc, en déplorant la guerre, n'admire pas l'armée ? La vertu du soldat, le génie du chef, la justice, la grandeur de la lutte, voilà ce qu'on admire. Ne me parlez pas de l'horreur sublime de la canonnade et des prodiges de la violence armée ; n'espérez pas m'arracher un applaudissement pour le carnage ! Mais dites-moi que ce pauvre paysan français a donné son fils sans murmurer, que cet enfant a quitté son hameau pour traverser les mers, qu'il a marché le jour et la nuit, obéissant, silencieux et gai, pour attaquer une redoute sans nom, et que là, sous le feu, pour sauver un lambeau de toile teint aux couleurs nationales, et qui s'appelle le drapeau de la France, il s'est fait hacher dans un fossé, ou qu'échappé à la mort, il est revenu sans récompense reprendre au sillon paternel la charrue et la bêche. Ah ! cela, je l'admire... cela est l'héroïsme, ou je ne m'y connais pas ! Dites-moi qu'au milieu de la mitraille, le général conservant son sang-froid a conduit ses hommes à l'assaut, avec ce coup d'œil sûr et pénétrant qui fait vaincre dans les batailles, et déployé toutes les ressources de l'esprit le plus libre et du caractère le plus intrépide, face à face avec la mort! Dites-moi que les armées ne pillent plus, ne répandent plus la haine et la vengeance, qu'elles respectent l'ennemi, le blessé, la terre étrangère ! Dites-moi que cette guerre ne met pas aux prises des nations chrétiennes, mais qu'elle étend au loin la civilisation et fait reculer la barbarie. Oh ! alors j'invoque avec confiance le Dieu des armées ! Allez, allez, bataillons français, planter la croix à Hippone, chanter le *Te Deum* à Pékin, délivrer la Syrie, et rendre enfin Constantinople à Jésus-Christ ! Mon patriotisme enthousiaste salue ce paysan obscur, ce général habile, cette guerre juste, cette armée moderne, parce que j'aime le sacrifice, le génie, le progrès et la France.

A tous ces titres, honneur à l'armée d'Afrique ! La France a reçu de ses mains une terre qui peut être la plus belle colonie du monde, et l'une des plus nobles espérances de la civilisation chrétienne.

Eh bien ! l'enfant chéri de l'armée d'Afrique, le soldat fidèle de Bourmont, le lieutenant préféré de Bugeaud, le vainqueur d'Abd-el-Kader, le héros populaire, le favori de la victoire, s'appelait La Moricière.

J'aime à le voir tout d'abord, non pas tant à la brillante prise d'Alger et à la première redoute élevée sur le sol africain, que fidèle à l'honneur, quand tomba cette dynastie, qui du moins, en quittant le sol de la France, lui laissa l'Algérie comme un dernier et glorieux legs, comme le plus royal adieu qui fut jamais ; j'aime à le voir accompagnant jusqu'au rivage son général, et serrant avec tristesse la main du vainqueur banni de sa conquête, qui n'emportait de sa victoire que le cœur de son fils tué sur les murs d'Alger. Si La Moricière ne brisa pas alors son épée, comme tant d'autres, dans leur douleur, et comme le lui demandait sa mère, c'est lui, écrivait-il, qu'il redoutait l'oisiveté pour sa jeunesse. L'honneur de servir encore la France et la grande cause que la France était appelée à servir elle-même sur les rives barbares de l'Afrique, la guerre et ses nobles émotions, et sans doute aussi cette force secrète, cette sorte de conscience de leur destinée qui pousse en avant les hommes supérieurs, le retinrent là, et donnèrent à sa bouillante activité un emploi plein de gloire.

Et bientôt mon regard ébloui le suit jusqu'aux sommets de l'Atlas et sur tous les champs de bataille de l'Algérie, dans les plaines de la Mitidja et sur tous les rivages africains, d'Alger à Mostaganem, à Oran, à Constantine, à Mascara, dans les montagnes de la Kabylie, au Maroc, et jusqu'aux confins du désert.

Vous connaissez, Messieurs, ce théâtre illustre de nos guerres africaines. A l'autre extrémité de cette Méditerranée, qui devrait n'être qu'un lac français, entre la mer, le désert et les montagnes, s'étend, sous le soleil de l'Orient, un pays riche et fertile : c'est l'Afrique algérienne, jadis conquise par les Romains, civilisée par le Christianisme, mais devenue sous le joug des fils du Coran, la citadelle de la barbarie et de la piraterie, et un outrage permanent à l'Europe, jusqu'au jour où le pavillon français vint venger son injure... Voilà la scène brillante où le jeune de La Moricière était appelé à déployer ses grandes qualités militaires, et il faut dire que nul plus que lui n'était fait pour ces guerres et pour ce pays.

Né de cette forte race bretonne, sur cette terre de la bravoure et de la foi, au sein d'une famille fidèle aux vieux souvenirs et aux vieilles vertus, dès qu'il parut dans les armées, il fut le type du soldat français. Brave, hardi, aventureux, plein de fougue et d'élan, de vivacité et de gaîté gauloise, montant à l'assaut sous la mitraille, tranquille et imperturbable sous les balles, mais capitaine autant que soldat, vigilant, actif, infatigable ; prudent malgré son audace, prévoyant, organisateur habile d'une expédition ou d'une razzia, fécond en expédients et en ressources ; coup d'œil prompt, décision rapide ; enlevant le soldat pour une attaque ou une poursuite, le lançant ou le retenant à son gré, l'animant du regard, du geste et de sa voix vibrante ; payant partout de sa personne, sauvant au milieu du feu un de ses soldats blessé, le saisissant par la ceinture et l'emportant en travers sur son cheval : non pas seulement soldat et capitaine, homme de batailles, de faits d'armes, de grands coups d'épée, mais ayant le génie de l'administration aussi bien que de la guerre ; se montrant, c'est l'éloge même qu'en a fait le maréchal Bugeaud, capable de conquérir un pays et de le gouverner ; ayant les grandes vues comme les grands élans ; voyant plus loin que les armes, plus loin que la force : la civilisation après la conquête ; comprenant la noble mission de la guerre ; et servant enfin par les armes cette grande cause de la civilisation chrétienne contre l'islamisme : et, depuis Lépante et

Navarin, n'est-ce pas là éminemment la cause française dans le monde?

Du reste, des guerres dignes de lui l'attendaient sur les plages africaines. Il y trouvait des races vaillantes qui ne devaient pas livrer leur sol sans combats ; les fils des vieux Numides de Jugurtha et de Massinissa ; les races kabiles, indomptées par les Arabes, et indomptables dans les citadelles de leurs montagnes; puis les races conquérantes, les fils du Prophète, tribus nomades et belliqueuses, vivant sous la tente, hardis soldats, rapides cavaliers ; et à la tête de toutes ces races, les ralliant et les entraînant par sa parole et l'ascendant de son génie, un Arabe de trempe héroïque, marabout et soldat à la fois, enthousiaste et politique ; soufflant aux tribus la flamme patriotique, religieuse et guerrière; proclamant la guerre sainte! Certes, La Moricière et ses braves compagnons d'armes n'eurent pas à se plaindre; ils purent trouver là de beaux combats : combats nouveaux, guerres inaccoutumées, sous un climat aux ardeurs dévorantes, dans un pays inconnu, inexploré, avec un ennemi fait au soleil africain et au désert, habile à profiter de toutes les défenses naturelles de son pays, partout présent à la fois, mais insaisissable; tantôt inondant la plaine, harcelant la queue et les flancs de nos colonnes, plus rarement le front; puis fuyant avec la rapidité du vent, sur ces chevaux légers, accoutumés à dévorer l'espace et à gravir ou descendre au galop les pentes abruptes; tantôt au bruit de notre marche, se réfugiant au loin, guerriers et population, jusque dans le désert ou sur les sommets de l'Atlas. Ces guerres demandaient des tactiques tout à fait nouvelles, et des courages à l'épreuve de tout. C'est là qu'on vit le général La Moricière, tantôt emporter d'assaut les villes; tantôt ravitailler nos places; tantôt défendre nos postes avancés et isolés perdus au milieu des flots soulevés des tribus; lancer des expéditions de tous côtés; parcourir en tous sens le pays; fouiller les gorges des montagnes; donner partout la chasse à Abd-el-Kader ; faire des marches longues, pénibles, incessantes, sous le soleil, la pluie, les ouragans et le feu de l'ennemi, traîner avec lui des convois pour vivre dans les pays où l'émir avait fait le désert, et d'où les tribus en fuyant avaient tout emporté, ou bien trouver le secret de se passer de convois, et de faire vivre la guerre par la guerre ; jour et nuit, des alertes, des engagements, de chaudes affaires, des assauts sanglants, des combats meurtriers, contre des nuées de Kabiles ou d'Arabes, ou contre les belles troupes régulières et les *Rouges* de l'Émir.

Voilà la guerre où La Moricière conquit tous ses grades, à la pointe de son épée. Successivement et rapidement capitaine, chef de bataillon, lieutenant-colonel et colonel, maréchal de camp, lieutenant général, et menant lui-même les expéditions, gouverneur d'une province algérienne, gouverneur-général par intérim ; qui pourrait le suivre dans sa course rapide ? Il faut bien cependant, Messieurs, vous en dire quelque chose.

Voyez-le : il n'avait que vingt-cinq ans ; il s'agissait d'aller reconnaître une ville arabe, Bougie, dont on voulait s'emparer. La Moricière réclame cette mission difficile. Un bâtiment léger le débarque sur la plage avec quelques officiers. Mais bientôt toute la ville s'ameute : il se réfugie dans une maison ; la maison est cernée de toutes parts. Il n'hésite pas ; il ouvre tout à coup les portes, sort avec ses compagnons le front haut, le regard menaçant, le pistolet levé et le sabre au poing, et passe à travers les Arabes immobiles et stupéfaits de tant d'audace. Mais ces rapides moments lui avaient suffi pour noter, au milieu du péril, des observations dont la précision et l'exactitude firent tomber la ville entre nos mains.

Bientôt après, à la retraite de la Macta, La Moricière reçoit l'ordre de ramener d'Arzeu à Oran dix escadrons : la mer lui était ouverte, des bâtiments pouvaient le transporter avec sa troupe ; mais c'eût été fuir et sacrifier le prestige français : La Moricière refuse la route de mer, et traverse hardiment avec ses dix escadrons les tribus en armes.

Dans la retraite de Médéah, on l'avait mis à l'arrière-garde. Tout à coup un désordre fatal se propage dans les rangs de notre armée : les Kabyles acharnés à notre poursuite font de nombreux prisonniers, et se disposent à les égorger. La Moricière se retourne, se précipite sur les Kabyles, leur arrache leur proie, et par sa fière attitude les force à se tenir désormais à distance, et l'armée, dès lors, vit sa retraite assurée.

Faut-il maintenant vous le peindre à Constantine ? Déjà nos munitions étaient épuisées, et les murs de la ville ne cédaient pas. Le brave colonel Combes, précipité de la

brèche, était venu, blessé mortellement, tomber aux pieds
de M. le duc de Nemours : « Monseigneur, mon devoir
« m'ordonne de vous dire que la brèche est impraticable.»
Et cela dit, il meurt. Le maréchal Vallée, c'est lui-même
qui l'a raconté, était dans une affreuse perplexité. Il faut,
dit-il alors à La Moricière, enlever la brèche praticable ou
non, à tout prix. La Moricière se lance à l'assaut, à sept
heures du matin, jetant à sa colonne ce mâle commandement : « Mes zouaves, à vous ! debout ! au trot ! marche ! »
et renversant tout sur son passage, il arrive le premier sur
la brèche. On le vit là un instant, tel que le peintre immor-
tel de nos guerriers d'Afrique en a tracé pour l'avenir un
tableau, que nul n'a le droit de refaire, avec ce regard de
feu qui promet la victoire, le fez rouge sur la tête, le bur-
nous bleu sur les épaules, debout au haut du rempart conquis, trente secondes avant qu'une mine cachée, sautant
sous ses pas, le lance en l'air, et l'ensevelisse sous les dé-
combres du rempart écroulé. Quand on le ramassa noirci,
brûlé, les chefs de l'armée, par une inspiration toute française, voulurent qu'à l'ambulance on jetât sur son lit de
camp, pour couverture, le drapeau de Constantine.

Ah ! Messieurs, oui, vous êtes une grande nation ; et
quand vous voulez avoir du cœur, vous n'en manquez pas !

Un des faits, Messieurs, les plus brillants, et, si je le puis
dire, les plus pittoresques de cette grande épopée de nos
guerres d'Afrique, c'est l'attaque de ce fameux col de Mou-
zaïa, si souvent teint du sang de nos soldats : les Kabyles
couronnaient ce point le plus élevé de l'Atlas ; un triple
rang de redoutes garnies d'ennemis ajoutait à la difficulté
des lieux des obstacles insurmontables. La Moricière s'é-
lance avec ses zouaves : ils gravissent avec les genoux et
avec les mains ces pentes escarpées : les premières, les secondes redoutes sont enlevées ; mais tout à coup, avant
d'arriver aux troisièmes, ils rencontrent une gorge profonde qui les en sépare, et du retranchement formidable
qui la surmonte, partent à demi-portée de fusil des coups
innombrables, et de toutes les crêtes qui dominent la posi-
tion, les Arabes accourus en masse dirigent de tous côtés
sur La Moricière et ses soldats des feux plongeants. Le
reste de l'armée, qui était encore au pied de la montagne
et gravissait, eut un moment d'anxiété terrible pour cette
brave troupe. Une colonne, chargée d'enlever le pic prin-

cipal, avait d'ailleurs disparu dans le brouillard. Mais tout
à coup, au milieu d'une effroyable fusillade, on entend un
bruit lointain de tambours et de clairons qui monte au milieu de la nuée, de l'autre côté de la montagne. C'est Changarnier, avec son 2e léger, qui a tourné l'ennemi et qui
approche. Les zouaves de La Moricière, électrisés, n'attendent plus : par un irrésistible élan, ils franchissent la
gorge, emportent le retranchement, dispersent comme un
troupeau les Kabyles, et La Moricière vainqueur reçoit sur
les hauteurs emportées Changarnier qui arrive avec huit
balles reçues dans ses habits et ses épaulettes, et ils se ser-
rent la main !

La Moricière, Changarnier, et vous aussi, trop longtemps
oublié, méconnu... et qui ne devriez pas l'être... vous qui
reposez sur la terre bretonne, et dont La Moricière conduisit sous les voûtes de cette cathédrale, ici même, la
glorieuse dépouille, noble et modeste général Bedeau :
La Moricière, Changarnier, Bedeau, je ne vous séparerai
pas ! Vos soldats, vos rivaux, tous vos camarades de gloire
ne vous séparent jamais : ils vous avaient donné à tous trois
ce nom qui fit autrefois la gloire des Scipions. Hélas! les
trois Africains, par une singulière destinée, unis dans la
gloire des armes, le furent aussi dans les revers de la vie
publique, comme dans la noble constance à supporter la
fortune adverse et à rester debout sous les coups du sort
aussi bien que sous le feu de l'ennemi, dans une inébranlable fidélité à toutes les causes qu'ils avaient servies.
Hommes de cœur, recevez tous trois, en ce jour, de ma
voix et des profondeurs de mon âme, le même hommage,
ou plutôt le salut des armes, tel qu'on le rend partout, sur
la terre de France, au signe et à l'étoile même de l'honneur !

Ces glorieux faits d'armes, et tant d'autres qui les suivirent, ne sont pas toutefois ce que La Moricière a fait de
plus utile pour le service de la France. Son service peut-
être le plus mémorable, ce n'est pas d'avoir remporté de
telles victoires avec de tels soldats, mais ces soldats, ces
zouaves, c'est lui qui les forma. Placé à leur tête au moment même de leur création, c'est lui qui contribua plus
que tout autre à leur donner l'esprit militaire qui les dis-
tingue, à les faire ce qu'ils sont, et il les fit pour ainsi dire
à son image, du moins en ce qu'ils ont de chevaleresque

et de français : vrais lions d'Afrique dans les combats ; toujours au feu, au premier rang ; n'attendant jamais l'ennemi, l'abordant à la pointe de leur baïonnette ; dans ces guerres étranges, usant de toutes les manœuvres et de tous les stratagèmes ; tantôt se couchant à plat ventre, grimpant dans les broussailles et sur les pentes escarpées ; tantôt bondissant comme des panthères ; non moins ingénieux dans le camp que braves et intelligents sur le terrain ; pleins d'entrain, de verve, de gaîté militaire ; chansonnant volontiers dans leurs refrains de bivouac la casquette du maréchal ; trouvant moyen partout de vivre et de chanter ; rachetant par tant de qualités héroïques et guerrières leur amour un peu trop vif de la razzia, et leur humeur plus faite pour la poésie des batailles que pour les travaux des quartiers d'hiver et les campements ; préférant encore aux chants du bivouac les sons de la charge et du clairon ; sachant pourtant manier la pioche comme la baïonnette, et se couvrir de boue comme se couvrir de sang ; construire des redoutes au besoin, comme les emporter d'assaut ; et pour tout dire enfin, portant dans leur mâle poitrine un cœur tendre et bon, comme en ont les héros : témoin cette campagne dont parle leur historien, où l'on ne vit pas, au retour, des poules ou des tortues sur leurs sacs, mais où ils ramenaient des femmes et des enfants qu'ils avaient sauvés, donnant, dans la marche, leur pain aux femmes et aux vieillards, et le lait de leurs chèvres aux petits enfants! Voilà les zouaves de La Moricière, de ce soldat qui, un jour, ayant acculé à la mer les tribus révoltées, arrêta tout à coup ses colonnes, de peur, comme il le dit simplement et si noblement dans son rapport, que « la vengeance ne fût trop sévère. »

Certes, je ne m'étonne pas de la popularité qu'il eut dès lors dans l'armée, et que, si jeune encore, il fût, comme dit un poëte :

Un de ceux dont le nom
Retentit dans l'armée à l'égal du canon ;

ni que plus tard il ait pu dire : « Quand j'élèverai mon nom « au bout de mon sabre, j'aurai des soldats. Je sais com- « ment en huit jours on fait des zouaves. »

Qui ne se rappelle quand ces fiers soldats parurent pour la première fois à Paris, soit qu'on les rencontrât isolément, soit qu'on les vît sous les armes, quelle admiration excitait leur tenue martiale, leur front haut, leur visage bronzé, leur mâle regard, leur pas guerrier, leur costume leste et pittoresque, et quand ils passaient sous les drapeaux, les sons entraînants de leur marche? Et quand ils s'embarquèrent neuf mille des bords africains pour les rivages de la Crimée, troupe aguerrie et superbe, ravie d'aller sous d'autres cieux à d'autres combats, on pouvait dès lors prévoir les prodiges de l'Alma et d'Inkermann, et on leur criait d'avance ce que nos rivaux eux-mêmes furent forcés de leur dire : *Vous êtes les premiers soldats du monde !*

S'ils ne vous virent pas avec eux à ces dernières batailles, vous y étiez néanmoins, La Moricière, par votre âme guerrière ; car vous l'aviez soufflée, cette âme intrépide, à ces vaillants bataillons, et vous eûtes, bon gré mal gré, votre part de ces victoires gagnées sans vous, mais par vos soldats... Vous aviez donné à la France cette troupe invincible ; et la France ne peut l'oublier !

Qu'ai-je besoin, maintenant, de suivre La Moricière dans tous ses exploits, chaque année, chaque jour renouvelés sur la terre d'Afrique?

Je dis chaque jour, car il y a eu des années où il ne se trouvait presque pas d'interruption ni de repos dans les campagnes ; et quant à La Moricière, il n'y a qu'une voix parmi ses compagnons dans ses guerres héroïques pour dire qu'il était infatigable, et qu'avec lui on ne s'endormait ni jour ni nuit. « C'était un homme de fer, » me disait un de ses anciens aides de camp ; « et d'acier, » ajoutait un autre ; et il était passé en proverbe de dire parmi ces Messieurs — je cite textuellement — qu'il tuait trois aides de camp en vingt-quatre heures.

C'est lui qui avait compris le premier l'importance de porter le centre de nos opérations militaires au-delà de la première chaîne de l'Atlas, dans la plaine d'Egris, à Mascara, au milieu même de la puissante tribu des Hachem, d'où était sorti Abd-el-Kader, et qui lui fournissait quinze mille cavaliers, au moyen desquels l'émir dominait et entraînait à sa suite les autres tribus. La Moricière trouva le moyen de ravitailler Mascara, et de faire vivre là six mille hommes : ses zouaves, dans cette cam-

pagne, firent la moisson, comme autrefois à Dely-Ibrahim
et à Médéah ils s'étaient faits maçons, forgerons, terrassiers
pour construire leurs retranchements et leurs casernes.
« Soldats! honneur à vous! » dit le maréchal Bugeaud, dans
un ordre du jour mémorable « par là, vous avez plus fait
« dans cette campagne pour la conquête du pays qu'en
« gagnant des batailles, et en revenant ensuite à la côte. »
C'est de là, de ce poste avancé au milieu des tribus, que
La Moricière dirige ensuite d'incessantes expéditions
contre Abd-el-Kader, le poursuit jusque bien au delà de
l'Atlas, achève d'abattre la redoutable tribu des Hachem.
Ni leurs déserts, ni leurs montagnes, ni leurs quinze mille
chevaux, ne purent les dérober à ses coups Il partait pour
une expédition de trois semaines et plus, avec des vivres
pour deux jours : « Où en trouverons-nous? disaient les
« soldats. — Les Arabes en trouvent bien, disait-il, nous
« ferons comme eux. — Et comment? — Fouillez la terre :
« elle vous en donnera! » Et les soldats, à la pointe de
leurs baïonnettes ou de leurs sabres, fouillent la terre et
découvrent les silos des Arabes, se font des pains et des
galettes du meilleur blé ; et de ce jour-là le moyen fut
trouvé de faire vivre la guerre par la guerre.
Le 25 juillet 1842, il ramenait sa division à Mascara,
après trente-six jours de bivouac, et des marches de cent
trente lieues. Ses soldats revenaient sans chaussure ; la
peau des bœufs qui les avaient nourris leur avait fait en
route des espardilles pour souliers. Mais à l'heure même,
des tribus fidèles menacées par l'émir, depuis que La Moricière n'est plus là, l'implorent; sans hésiter, il repart
avec ses infatigables soldats jusqu'au 6 septembre ; et de
nouveau, quelques jours après, il tient la campagne jusqu'au 17 novembre. Telles étaient ses guerres, et telle son
activité.
Et que dirai-je de cette mémorable bataille d'Isly, qui
rappelle, comme on l'a dit, celle des Pyramides? Il y avait
eu peut-être quelque dissentiment au conseil de guerre
entre le maréchal Bugeaud et le lieutenant général La Moricière. Celui-ci doutait que le moment de livrer bataille
fût venu. « Après la victoire, tous nous étions, me racon-
tait un des acteurs de cette grande bataille, fatigués,
anéantis; nous avions passé vingt-quatre heures à cheval
par une chaleur de cinquante-quatre degrés... nous étions

tous là, couchés par terre, nos chevaux comme nous. La Moricière seul était debout, allant et venant. S'approchant d'un de ses aides de camp : « Eh bien ! mon cher, lui dit-il ; c'est le vieux maréchal qui avait raison. » Mais lui, dans l'action, avait si bien fait son devoir, que son nom fut cité le premier à l'ordre du jour de l'armée par le maréchal Bugeaud.

Vous étiez à cette bataille, et votre nom se lit aussi avec honneur dans l'ordre du jour, vous qui avez prononcé naguère, sur la tombe de votre ancien général, de si françaises et si chrétiennes paroles, brave général Trochu, digne ami d'un héros !...

Vous y étiez aussi, vous tous, généraux, officiers et soldats, que le cours du temps a portés vers de plus hautes destinées ou conduits à la mort. Je ne suis pas oublieux de votre gloire, mais souffrez que je réserve ici mes paroles pour ceux que le malheur a rendus plus grands que le succès !

Qu'ajouterai-je ? c'est de la main de La Moricière enfin que devait partir le coup qui termina toutes ces guerres ; il fut l'organisateur de l'expédition qui aboutit à la vaillante prise de la Smala ; et c'est à lui qu'Abd-el-Kader aux abois vint apporter son épée.

Alger, Contantine, Isly, soumission d'Abd-el-Kader : ces états de service sont bien grands, et il n'en est pas de plus beaux inscrits sur nos arcs de triomphe. Mais avec le dernier coup d'épée du soldat commence l'œuvre du civilisateur, et La Moricière ne l'oublia pas un seul jour.

En 1846, nous retrouvons le général en habit noir, montant à la tribune pour défendre l'Algérie.

Ce fut l'œuvre de la colonisation de l'Algérie qui le décida à entrer dans la vie politique. En effet, l'Algérie conquise, il fallait achever l'œuvre des armes, « et la coloni-« sation était, selon lui, la plus grande chose peut-être « que la France eût à entreprendre de nos jours. »

Il avait raison, Messieurs : l'histoire demande aux Turcs ce qu'ils ont fait de l'Asie, aux Espagnols ce qu'ils ont fait de l'Amérique, aux Anglais ce qu'ils ont fait de l'Inde ; il sera demandé aux Français ce qu'ils ont fait de l'Afrique. Les grands peuples ont de grandes missions. La nôtre avait été, jusqu'ici, la prédominance sur la Méditerranée, et pendant des siècles nous l'avions méritée par l'efficace protection de l'Orient, et nous devions la mériter encore par la transformation de l'Afrique. Si la France, en effet, ne parvient pas à civiliser sa conquête, tout le sol africain nous payerait mal tant de sang versé. Ce que La Moricière a fait pour jeter dans les sillons de l'Algérie, labourés par son épée, les semences du travail, du progrès, de l'ordre civil, de la religion, je dois vous en dire quelque chose.

A Oran, dans un banquet que lui offraient les colons français, il avait déjà prononcé sur l'avenir de notre colonisation de belles paroles :

« Il y a bientôt quinze ans que nous luttons sur le sol
« de l'Algérie pour en assurer la possession à la France ;
« l'œuvre de la conquête s'avance ; la tâche de l'armée
« s'accomplit. Mais nous ne sommes pas venus cueillir des
« lauriers stériles. Il faut qu'une population française vienne
« se grouper sur la terre conquise, *autour du drapeau de*
« *la nation, qu'elle le prenne dans ses mains, et qu'elle*
« *devienne assez forte pour le soutenir.* »

Mais ses vœux pour le développement et la grandeur de la population française en Algérie ne lui faisaient pas oublier les indigènes. Un orateur avait fait un magnifique tableau de l'envahissement de l'Amérique par la population anglo-américaine. « Oui, s'écriait La Moricière, mais que sont
« devenus les Indiens? Ils ont été massacrés ou empoison-
« nés par le rhum et les liqueurs fortes. Ce que les An-
« glo-Américains ont fait des Indiens, nous ne voulons
« pas le faire des Arabes. De pareils procédés, de pareils
« moyens, de pareils crimes, nous n'en voulons pas : nous
« les repoussons au nom de la France, au nom de l'hon-
« neur de notre pays, au nom de la mission qu'il remplit
« dans le monde, au nom du Christianisme. »

Sans doute La Moricière voulait qu'on laissât aux Arabes la liberté de leur culte ; en les éclairant toutefois, car pour lui la liberté des cultes n'était pas la promiscuité des cultes, ni l'indifférence en matière de religion.

Mais son âme s'éleva plus encore et trouva des accents de la plus haute éloquence, où les grandes vues de l'homme politique se mêlent aux sentiments de la foi la plus touchante, quand à Paris il dit adieu aux colons partant pour Alger :

« C'est au travail intelligent et civilisateur d'achever ce
« que la force a commencé. La poudre et la baïonnette ont

« fait en Algérie ce qu'elles pouvaient y faire ; c'est à la
« bêche et à la charrue d'accomplir leur tâche.

« Mais rappelez-vous que ces plaines, que vous allez fé-
« conder de vos sueurs, ont été longtemps arrosées du
« sang de vos frères de l'armée, qui l'ont versé pour vous,
« et sans espoir de récompense.

« Avant de vous quitter, permettez à un ancien soldat
« d'Afrique de vous dire que si jamais, en défrichant vos
« champs, vous trouvez dans les broussailles, une **Croix**
« de bois entourée de quelques pierres, cette Croix vous
« demande une larme ou une prière pour ce pauvre enfant
« du peuple, votre frère, qui est mort là, en combattant
« pour la patrie, et qui s'est sacrifié tout entier pour que
« vous puissiez un jour, sans même savoir son nom, re-
« cueillir le fruit de son courage et de son dévoûment. »

Cette croix, Messieurs, dont le général de La Moricière
parle si noblement, sera, quoi qu'on fasse, le complément
nécessaire de l'œuvre colonisatrice ! Et ici rendons hommage à cet autre grand homme de guerre, qui a tant en-
couragé les trappistes de Staoueli, et dont l'œuvre, ainsi
que la mission de la France en Algérie, se résumerait bien
par cette belle formule : *Ense, Cruce et Aratro !* Oui, l'épée
ne peut être ici que le précurseur de la croix ! Si nous
n'avions pas planté la croix sur la terre algérienne, tous
nos efforts de colonisation et de civilisation seraient vains !

Ah ! je rougis pour mon pays lorsque j'entends dire qu'on
supprime d'une œuvre de civilisation l'élément le plus civilisateur ! Je rougis quand on me raconte que les Arabes
nous méprisent parce que nous sommes sans religion. Certes
je ne demande pas l'extermination des Arabes ! Laissons à
d'autres ces procédés de civilisation. Mais je demande qu'on
les éclaire, qu'on les persuade, et pour cela qu'on leur montre les vertus de l'Evangile. L'Evangile seul peut en faire
des Français. Et si ce n'est pas là l'œuvre de la politique,
je demande au moins que la politique n'entrave pas cette
œuvre, et laisse au Christianisme toute la liberté de son in-
fluence et de son action.

Je me suis laissé peut-être trop entraîner, Messieurs, par
ce qui fut l'œuvre la plus chère du général de La Moricière, l'œuvre de sa vaillante jeunesse, l'œuvre des débuts
de sa carrière parlementaire, la conquête et la civilisation
de l'Algérie.

Quittons maintenant l'Afrique; oublions la tribune, et suivons ce soldat qui renferme un grand citoyen, suivons-le dans le second acte, plus mémorable encore, de sa vie militaire, sur un théâtre plus rapproché de nous, plus douloureux, à Paris même, dans ces jours éternellement néfastes et dont il faudrait pouvoir perdre à jamais la mémoire, quand la société française, menacée tout à coup par ses enfants égarés, parut un moment suspendue au penchant des abîmes!

Quoi que nous pensions, Messieurs, les uns et les autres, de ces tristes temps, aimons du moins que l'honneur n'ait manqué à aucune époque de nos annales. Il eut son jour en 1848, non-seulement lorsque deux ou trois actes célèbres flétrirent le drapeau rouge, abolirent l'esclavage, et la peine de mort en matière politique, mais surtout lorsque la nation tout entière se leva, se défendit, se sauva, par un mouvement généreux et universel, auquel servit de soutien la loyauté de nos soldats et le patriotisme de nos grands hommes. L'honneur national se personnifie surtout alors dans quelques citoyens qui abattent l'anarchie à la tribune, pendant que d'autres la surmontent dans la rue. La Moricière fut parmi tous au premier rang.

Deux ans de vie parlementaire avaient marqué déjà sa place parmi les orateurs, lorsque la nuit du 23 février montra à quel degré cette parole était au service d'une âme loyale, clairvoyante, intrépide. Il avait parcouru les barricades; son coup d'œil militaire avait jugé la gravité méconnue de la situation, et il courait les rues dans les ténèbres pour l'étudier encore, lorsqu'on vint lui dire qu'il était ministre de la guerre dans un nouveau cabinet. Il avertit ses collègues, les suivit aux Tuileries, où ils voulaient le charger du commandement en chef de toutes les troupes. Mais il eût fallu enlever ce poste, au moment du danger, à son ancien et vaillant chef; c'était impossible. « Non, dit-il « en marchant à pas précipités, non, *on ne fait pas des-* « *cendre de cheval un maréchal de France!* » On lui demande alors de prendre le commandement de la garde nationale, qu'il fallait rallier dans les faubourgs avant de se mettre à sa tête. « Tout ce que vous voudrez, dit-il, qu'on « me donne un uniforme et un cheval. » Et revêtu d'une capote d'emprunt, ne songeant pas plus à son titre qu'à sa vie, il partit, affrontant vingt fois la mort. Son cheval est tué sous lui, il reçoit deux coups de baïonnette et se relève pour aller à l'hôtel de ville défendre jusqu'au bout l'ordre social : là, de nouveau renversé, il est foulé aux pieds par la multitude, frappé encore, puis sauvé à grand'peine par d'anciens zouaves qui le reconnaissent et le ramènent chez lui, où celui qui m'a rapporté ces détails l'a vu alité, frémissant et fier comme un lion blessé.

Appelé au mois de juin par son ancien lieutenant, le général Cavaignac, à la défense de la liberté et de l'ordre public menacés par la barbarie, on le vit lancer ses gardes mobiles, comme autrefois ses zouaves, à l'attaque des barricades. Il avait l'air de se jouer au milieu des dangers et donnait confiance à tout le monde par son entrain.

Si quelquefois, en face de ces forts crénelés, et des feux qui partaient de toutes parts, et sous lesquels tombèrent successivement en trois jours tant de généraux, la troupe étonnée semblait hésiter un moment, La Moricière, après avoir abrité ses soldats et les braves gardes nationaux le long des murs et des portes cochères, lui, au milieu de la rue, exposé à tous les coups, calme sur son cheval, s'avançait lentement à quelques pas d'une barricade et revenait de même en disant : « Vous voyez bien que ce n'est pas difficile! » Une décharge abat son cheval : il se relève, ramasse tranquillement son cigare, saute sur un autre cheval, en disant gaîment à ses soldats : « Soyez tranquilles ! petit bonhomme vit encore! » Et à un représentant montagnard qui lui faisait un banal compliment sur son courage : « Du courage! répond brusquement La Moricière ; « allons donc! Tenez, avouez que vos gens ne savent pas tirer! »

Et toutefois, je tiens de témoins oculaires que la mâle physionomie du général avait, ce jour-là, une expression particulière.

Au feu, en Afrique, La Moricière était comme à une fête, badinant, riant, animé, jouant aux balles, pour ainsi dire ; et on raconte que c'était admirable de le voir partir sur son cheval aux naseaux fumants, le képi sur l'oreille, le cigare à la bouche, et l'œil enflammé de courage et de joie. Mais en ce jour-ci, ceux qui le virent sur les boulevards de Paris, à la tête de la petite armée qu'il conduisait aux barricades, remarquèrent son regard mélancolique et sombre : en lui, le citoyen attristait le soldat! Il allait voir tomber ses hommes sous des balles françaises, et attaquer des frères égarés. Mais il savait que son devoir était solennel et sacré! Si cette formidable émeute, plus formidable qu'aucune autre parce qu'elle avait été préparée, armée, organisée pendant trois mois, si elle l'emportait, c'en était fait de la société; le courage civique et militaire était déconcerté, l'esprit de désordre triomphant, et la victoire du mal certaine. Il importait de montrer vite que l'ordre était le plus fort: besogne affreuse, mais nécessaire. Le général pouvait espérer qu'on ne tirerait pas sur ses troupes. On tira, il riposta; on sait le reste. Après 1830, après 1848, si la révolution avait encore triomphé en juin, c'en était fait à jamais du repos public; toute confiance, toute résistance honnête étaient tuées. Qui sauva en ce jour solennel la France et la société européenne? Cet homme : lui, et ses braves compagnons.

Ah! ne me demandez pas, Messieurs, de longs récits de ces scènes sanglantes; jetons un voile sur les horreurs de la guerre civile. Mon cœur est déchiré, car j'appartiens aux vainqueurs et aux vaincus, et des deux côtés un prêtre voit des frères.

Mais ne nous laissons pas aller à une lâche mollesse ou à une coupable ingratitude.

Honorons l'armée dans ces jours lamentables!

Il ne fallait rien moins, hélas! que sa bravoure héroïque pour triompher dans ces terribles et malheureux combats. Ne cessons pas de le répéter hautement à la gloire de nos vaillants généraux d'Afrique, sans eux, sans leur patriotisme et leur courage, la société périssait. L'armée, humiliée en février, l'armée, ce jour-là, sauva la France. Messieurs, que la fumée des batailles ne nous voile pas ce que l'armée a de plus grand. L'armée n'est pas simplement la force, mais la force au service du droit, de l'honneur, de la justice. Et ce qui fait sa grandeur, c'est d'être cela par le dévoûment du sang versé. Onze généraux y périrent, et si je suis triste, je suis fier comme évêque de l'ajouter, ils ne furent pas les seuls. Et ce fut un grand et touchant spectacle, lorsqu'on vit, un rameau d'olivier à la main, l'archevêque s'avancer vers les barricades, au milieu des troupes émues et des généraux frappés d'admiration, au-devant des insurgés frémissants, et offrir au ciel, à côté des holocaustes guerriers, un dernier holocauste, une dernière victime,

demandant à Dieu que son sang fût le dernier versé ! Vous
en pouvez rendre témoignage, Monseigneur, car vous
étiez là !

La carrière militaire du général La Moricière, vouée en
Afrique au triomphe de la civilisation, à Paris au salut de
la société, ne se termine point sur les barricades du fau-
bourg Saint-Antoine ; mais c'est là que se terminent ses
victoires, et que pour lui commence, avec ses défaites et ses
malheurs, une grandeur nouvelle. Il va descendre aux yeux
des hommes et monter aux regards de Dieu. Il n'ira plus à
la tête des bataillons généreux, attaquer des ennemis en
face. Il va se présenter seul et désarmé devant les coups de
l'infortune, et la vaincre dans un combat dont le récit
convient mieux encore à ce temple, asile des grands cœurs
blessés, et devant l'image du Dieu des sacrifices et de l'é-
ternité.

II

Vous avez vu, Messieurs, dans La Moricière, le vainqueur ; le vainqueur partout, toujours. Rien de plus bril-
lant, jusqu'ici, de plus éblouissant que sa carrière.

Eh bien ! vous allez voir maintenant le vaincu.

Il semble que rien ici-bas n'est plus digne d'envie que la
gloire. Et toutefois non, Messieurs ! Ce n'est point par la
fortune que Dieu parfait les grandes âmes, c'est par l'é-
preuve. La fortune est aveugle. j'allais dire immorale de sa
nature : elle va indifféremment aux dignes et aux indignes,
et si elle paraît avoir des préférences, trop souvent, ce n'est
pas pour la vertu. D'un autre côté, « l'homme qui n'a pas
« souffert, dit le Sage, que sait-il ? » C'est l'adversité qui
tire du fond d'un cœur ce qu'il recèle, et qui révèle à un
homme ce qu'il est. Et j'ose dire que nous n'aurions pas
connu tout entière l'âme du général La Moricière, s'il n'a-
vait pas été malheureux. Il l'a été, il fut le vaincu de la politique ; il fut le vaincu des armes, et j'ajoute que, dans une
région plus haute et meilleure, il fut, mais non pas pour
son malheur, le vaincu de Dieu, et dans cette triple défaite,

il atteignit ce plus haut sommet de l'honneur, où nul triomphe ne porta jamais.

Il fut le vaincu de la politique. C'est de là que lui vinrent ses premiers revers.

Mais pourquoi, dit-on, ce soldat a-t-il voulu être homme
politique? Messieurs, ne le lui reprochons pas. Si belle que
soit la gloire des armes, et si grands que soient les services
qu'un soldat rend à son pays, il y a, dans nos temps mo-
dernes de liberté et de vie publique, une autre arène,
d'autres combats où l'on peut servir non moins qu'avec
l'épée la patrie et les causes qu'on aime : c'est l'arène des
luttes politiques et parlementaires, terrain mouvant et péril-
leux, où les blessures sont fréquentes et mortelles, comme à
la guerre ; et toutefois ces combats nouveaux de la parole libre au service des grandes causes ont de telles émotions et de
tels attraits, que je ne suis pas surpris de les voir recherchés
par un homme de guerre qui se sent le cœur d'un citoyen.
La Moricière parut donc à la tribune, et ainsi qu'il est dit
d'un autre grand soldat devenu historien, qu'il écrivit ses
guerres avec la même impétuosité qu'il les avait faites:
ainsi dirai-je de La Moricière, devenu député, qu'il parlait
comme il combattait, prenant sa part de toutes les grandes
discussions; incisif et spirituel, alerte, rapide, entraînant,
ardent, combattant à pied et à cheval, pour ainsi dire, et
argumentant à la baïonnette; et cependant, m'écrivait un
de nos plus illustres orateurs, contre lequel il lutta quelquefois, « calme au milieu des orages de la tribune comme
« sur la brèche de Constantine. »
Mais ne craignez pas que je veuille vous jeter maintenant
au milieu de tous nos débats politiques, ni que, vain dis-
coureur, comme dit Bossuet, je me perde dans le dédale
des controverses passagères, des menus faits, des nuances,
des dissentiments sans portée. Non, nous resterons dans
les régions élevées où, bon gré mal gré, l'accord se fait
dans la lumière des consciences, et où tous les partis volontiers s'oublient pour saluer dans une grande âme une
grande image de l'homme. Cette image, qui ne la saluerait
dans l'honneur, le désintéressement et le dévoûment de la
vie politique du général de La Moricière?
La politique, ah ! Messieurs, je vous l'avoue, il y en a une
dont j'ai horreur ! la politique sans foi ni loi, qui ne con-

naît que le succès par la force, la ruse, le mensonge heureux, la politique égoïste et exclusive, la politique de rancune, la politique de tyrannie et d'oppression, la politique du fait accompli, qui sacrifie le faible et l'opprimé, qui partage la Pologne, qui écrase l'Irlande, qui étale au monde le scandale de ses annexions; ah! cette politique-là, fût-elle cent fois triomphante, jamais je ne m'inclinerai devant elle! elle n'aura de moi jamais un applaudissement, ni un hommage!

Mais si vous me parlez de la grande politique, de celle qui ne se sépare pas des éternelles lois de la morale et de la justice, qui ne confond pas le fait brutal avec le droit; qui ne proclame pas par ses maximes ou par ses actes, au risque de voir ses actes et ses maximes retournés contre elle, la souveraineté du but, et la légitimité de tous les moyens; si vous me parlez de la politique des Charlemagne ou des saint Louis, et des grands souverains qui ne traitent pas l'Eglise en ennemie, mais la compte parmi les grandes puissances civilisatrices; de la politique qui sait où sont les forces vives de la société, s'appuie sur elles, et ne cherche pas ses points d'appui dans les bas fonds ou l'étai pourri des consciences vénales; de la politique à longues vues, qui prévoit l'avenir et ne sacrifie pas la prépondérance future d'un pays à la mobilité des avantages du moment ou à la pression des forces occultes; qui ne pactise pas sourdement ou publiquement avec les ennemis de l'ordre social, mais demeure avec l'appui des honnêtes gens l'assuré rampart des sociétés; ah! cette politique-là, je suis avec elle, et avec elle toujours, qu'elle triomphe ou qu'elle succombe dans ces alternatives des choses humaines qui ne déconcertent pas l'homme juste; car elles passent et la justice ne passe pas.

Certes, Messieurs, à cette lumière, je me sens à l'aise, pour suivre le général de La Moricière dans les grandes lignes de sa vie politique. Car ses causes furent grandes et généreuses, et ses motifs puisés aux sources les plus hautes : je reste à ces hauteurs pour le juger, et en lui je regarde avant tout le désintéressement des pensées, les mobiles des actes, et la fidélité aux convictions.

L'Algérie, telle fut, ai-je dit, sa première cause : il aimait son Afrique comme une seconde patrie.

La patrie, la civilisation, la monarchie constitutionnelle

qu'il aimait et qu'il a défendue jusqu'à la fin, la république réglée et ordonnée, à laquelle durent se rattacher alors tous les honnêtes gens, et qu'il a servie loyalement, ne négligeant rien pour séparer le gouvernement des alliés dangereux. pour lui rallier les représentants de l'ordre et de sages institutions libérales, concilier les partis, et ramener au service de la patrie commune les vraies forces du pays : voilà ses causes. Ses contemporains lui rendront cette justice : les républicains savent qu'il fut sincère, les libéraux qu'il aima la liberté, les conservateurs qu'il fit tout pour sauver l'ordre ; acceptant tous les rôles pour servir, aucun pour se servir lui-même ; il est à la tribune, dans la rue, aux affaires, partout à la fois, et la France n'eut pas alors de plus grand citoyen.

Et pour n'en citer que quelques traits, qui fut plus que lui sincèrement, cordialement libéral ? Je dis cordialement, car, chose remarquable, cet homme, dont le métier était la force, aimait le droit par-dessus tout.

C'était en vérité un homme des temps nouveaux, avec toutes les allures de la vie moderne, mais au service des droits anciens et de l'antique honneur : et voilà ce qui l'a rendu capable de si grandes choses !

Et voilà pourquoi c'était un homme d'ordre, et non pas d'anarchie. Il aimait l'armée; non-seulement en soldat, mais en homme politique, comme instrument de grandeur nationale et comme force sociale; et, on le sait, nul plus que lui, en 1848, ne résista aux funestes projets de désorganisation dont l'armée fut un moment menacée par la révolution, qui en avait peur, et avec raison.

Ministre à côté de son ancien lieutenant, le général Cavaignac, il prit, Messieurs, quant à l'Italie, part à une politique, dont la sagesse non moins que le désintéressement m'a toujours frappé, et je ne puis m'empêcher, en la rappelant, de rendre hommage à ces deux hommes qui, placés à la tête des affaires, refusèrent le plus sûr moyen pour eux de s'y maintenir, et ne voulurent pas faire au delà des Alpes une guerre qui, dans leur pensée, n'aurait pas été bonne pour la France.

Et quand éclata à Rome, contre le Saint-Père, cette explosion d'ingratitude qui le conduisit à Gaëte. quelle fut à cet égard la politique du général de La Moricière ! On le sait, un document irrécusable vient de le révéler : le défenseur futur du Saint-Père voulut alors qu'on défendît, au besoin par les armes, non pas seulement la personne du Pape, mais son trône ; et l'instruction si nette et si précise donnée par lui au général Mollière restera comme un glorieux témoignage de son dévoûment politique au Saint-Siége, comme Castelfidardo le fut plus tard de son dévoûment personnel.

Il avait toujours compris la mission sociale de l'Église ici-bas; et dès 1848, à la parole d'un représentant hostile au christianisme, il avait répondu, dans sa rudesse militaire : « Eh bien ! je vous prédis, moi, que si votre République « blique fait la guerre à la Religion, elle ne fera pas de « vieux os. »

Ambassadeur de la République en Russie, il y montra son esprit libéral et chrétien; et cela, dit M. de Tocqueville, qui s'y connaissait, avec une mesure, un tact, une habileté tels, qu'il assura un succès complet à notre intervention diplomatique en faveur des prisonniers hongrois et polonais, en même temps qu'il défendait auprès du czar la cause de l'Église.

Voilà les grandes lignes de la vie politique du général de La Moricière et les causes qu'il a servies. Et que m'importent, vus de ces sommets, les détails de ses pas sur la terre et les obscurs incidents de la mêlée des hommes autour de lui? Ceux qui auraient voulu le voir rester uniquement homme de guerre m'en ont donné pour raison que la politique crée nécessairement des partis, et que sa nature ne lui permettait pas d'être un homme de parti. Je n'ai pas le courage de lui en faire un reproche. La vérité est que c'est la France seule qu'à travers les difficultés des temps il voulut toujours servir; et ce dont il faut convenir aussi c'est qu'à travers la mêlée des passions, ce fut l'homme le plus dépourvu d'amertume et d'envie : sur cela, qui est bien remarquable, il n'y a qu'une voix. L'envie est le malheur de tous les amants passionnés de la gloire. La Moricière, quoiqu'un de ces amants, était pour tous ses amis ou adversaires politiques le meilleur collègue, comme pour tous ses rivaux à la guerre le meilleur camarade. Il n'a jamais jalousé personne.

Après cela, j'accorde aux teneurs de livre de l'histoire les menus détails et tout ce qu'ils voudront, avec le récit

de ses bivouacs et le nombre de ses expéditions. J'ai
entendu aussi le récit des vrais témoins, la déposition
sincère de leurs souvenirs, et leur réponse à ces nar-
rateurs audacieux qui furent pour lui des étrangers, ne
le suivirent pas au feu, ni de la tribune, ni des combats, et
s'abattent, après la mort, sur les mémoires illustres, comme
les pillards sur un camp abandonné, gens qui ne l'ont jamais regardé en face. En un mot, je ne fais point ici de politique; je représente la religion qui ne passe pas, et je cherche la vertu qui demeure; je juge les motifs et le fond des
actes, non la couleur et la surface, et je trouve ici une
âme à part.

Les âmes! Ma mission, Messieurs, c'est de les sauver. Et
c'est pourquoi je commence toujours par les regarder et
les juger. Et quand je rencontre une âme où la marque de
Dieu se laisse nettement voir, une âme noble et qui sort
de la foule, ah! ne me parlez plus de rang, de nation, de
politique, de parti, de rôle, de distinctions passagères; je
tombe à genoux devant Dieu, et je le remercie d'avoir
découvert à mes yeux un chef-d'œuvre.

Le voilà donc au sommet des honneurs, au comble de la
prospérité, jeune encore et dans toute l'activité de la vie,
dans toute la possession du talent, dans toute la plénitude
de la force, dans tout l'éclat de la popularité, dans toutes
les espérances de l'avenir, portant à la fois sur son front la
gloire des armes et les honneurs enviés de la vie publique.
Quelques-uns s'en étonnent, et osent parler à la tribune de
fortune et de hasard; le général Cavaignac leur jette cette
noble réponse : « Pour moi, je ne m'étonne que d'une
chose: c'est qu'il soit au second rang, et moi au premier. »

Que manquait-il à cette éblouissante carrière? Ce qu'il
y manque, Messieurs, c'est ce que Dieu réserve toujours aux
destinées d'élite, ce je ne sais quoi d'achevé qui vient du
malheur.

Tout à coup, en une nuit, tout tombe, tout est emporté,
et La Moricière, ce grand serviteur de la France, sans avoir
failli au pays, sans avoir rien renié ou trahi, est arrêté dans
son lit, jeté dans une prison, et d'une prison dans l'exil;
et un soir il arrive, comme un voyageur inconnu, dans un
hôtel de Bruxelles, ayant choisi pour refuge un endroit où
du moins ses oreilles pouvaient encore entendre la langue

de son pays. Sa vie militaire avait duré dix-huit ans, sa vie politique quatre ans ; sa vie proscrite allait durer seize ans. Oui, mais La Moricière, malheureux et vaincu, se montre là plus noble encore que dans cette première et brillante partie de sa vie, où nous le voyons tendre pour ainsi dire toutes ses voiles au vent de la fortune qui les enfle et les conduit.

Qu'est-ce qui fait, Messieurs, la dignité et l'honneur d'un vaincu politique ?

C'est l'honneur des causes qu'il a servies et l'honneur de ses services.

C'est le calme et la dignité de sa chute.

C'est l'amour persistant et dominant du pays dans les douleurs les plus profondes de son âme.

C'est enfin l'inébranlable fidélité à la justice des causes vaincues, et dans la défaite, une contenance digne de lui et des principes qu'il a défendus.

Oui, quand une cause succombe, si elle est noble, et si le vaincu reste digne d'elle et conserve sans tache dans la défaite, avec l'amour du pays, l'inviolable honneur, il reste grand.

La Moricière tomba, comme tant d'autres avec lui ; mais dans sa chute, il sut rester lui-même, et garder intactes la fierté de sa conscience, la dignité de son caractère, l'irréprochabilité de son passé, et la fermeté des convictions de toute sa vie.

Et dans l'exil il resta plus Français que jamais, faisant pour la France tous les vœux d'un bon citoyen : et cela, au sein de ce qui fait l'inénarrable douleur des exilés et des proscrits : ils sont par terre, ils ne peuvent plus rien, rien pour la patrie qu'ils aiment, et pour laquelle ils donneraient leur sang !

Et tous les vivants intérêts du pays se débattent sans eux, toutes les grandes questions qui ont fait palpiter leur âme, qui engagent la prospérité, l'honneur et la responsabilité du pays ! Et si le vaincu est un soldat, et si l'épée de la patrie se tire, lui dans l'exil, si les bataillons qu'il a conduits autrefois à la victoire combattent et triomphent sans lui, ah ! concevez-vous tout ce qui doit se remuer dans son âme, et tout ce qu'a de poignant, dans de telles circonstances, l'inaction forcée de l'exilé !

Eh bien ! La Moricière souffrit cela. Il vit s'ouvrir dans

l'histoire du pays une page nouvelle sur laquelle il lui était interdit de rien écrire.

Que l'on ne me demande pas maintenant de juger sa conduite ! Je ne connais rien de plus beau que l'homme d'un seul serment, qui, après avoir donné sa parole, se constitue toute sa vie prisonnier de sa parole et captif de son honneur. Que d'autres cherchent s'il s'est trompé ; moi, je sais qu'il s'est sacrifié, et je vénère la douleur de ces sacrifices et les larmes qu'ils coûtent! Je me suis toujours efforcé d'inspirer aux vainqueurs le respect des vaincus. Je demande ce respect pour un homme auquel l'exil et l'inaction furent plus douloureux qu'à personne. Tous les ans, je fais le panégyrique d'une héroïne qui mourut sur un bûcher. Il est d'autres bûchers, d'autres tortures; et La Moricière les connut lorsqu'il apprit à l'étranger que la France allait faire la guerre et qu'il n'en serait pas.

Mais de quel œil, ardent de patriotisme, il suivait penché sur des cartes, avec d'anciens compagnons d'armes, exilés comme lui, toutes les phases de ce long et glorieux siége de Sébastopol qui eût moins duré peut-être, s'ils y eussent tous été !

Mais quelle trempe d'âme, il fallut, Messieurs, pour ne pas fléchir! Il n'avait qu'un mot à dire pour rentrer dans sa patrie : il y eût commandé les armées, retrouvé tous ses honneurs, ses compagnons de guerre; mais ce mot, qui l'eût fait moins estimer de celui-là même qui le lui demandait, il ne le dit pas. Rien ne put le lui arracher.

Son fils, son fils unique, qu'il aimait avec cette tendresse passionnée du vieux soldat, tombe malade. Lui est à Bruxelles, et l'enfant se meurt à Paris. L'honneur et l'amour paternel se livrent le plus cruel combat. L'honneur persiste. Soyons juste. Il s'est rencontré un père mieux inspiré par la nature que par la politique, et qui comprit que devant la douleur sacrée d'un père la politique devait s'avouer vaincue. La Moricière rentra en France sans conditions; mais son fils n'y était plus.

Demanderez-vous maintenant où est la gloire de ce vaincu, de ce proscrit? Où elle est? Ah ! Messieurs, en lui-même! et nul n'y peut porter atteinte.

Demanderez-vous ce qui reste à cet homme arraché à la tribune, à l'armée, au pays? Ce qui lui reste? Lui-même, son âme, sa conscience, son passé, sa dignité, son honneur.

Et voilà pourquoi, tant que l'honneur sera l'honneur, La Moricière, vaincu dans les combats de la vie politique, revêt une grandeur que ses victoires ne lui avaient pas donnée, d'un ordre à part et supérieur; grandeur pétrie d'amertume et de douleur, mais à la taille des héros et du goût des âmes héroïques.

Et que m'importe, dans ces derniers temps, que, par un étrange retour des choses d'ici-bas, et par une de ces ironies auxquelles se complaît parfois la fortune, comme pour montrer le cas qu'il faut faire de ses faveurs, La Moricière, perdu dans la foule, ait vu passer dans une rue de Paris, avec tout l'éclat d'un triomphateur, Abd-el-Kader? Si l'Arabe paré d'honneurs français rencontra les yeux de La Moricière, il dut avoir quelque peine à en soutenir le regard.

Je ne sais, Messieurs, mais il me semble que les contrastes de cette existence doivent inspirer naturellement un profond retour sur toute notre histoire contemporaine. Quel mélancolique spectacle et quelle grande leçon j'y trouve! Ah! nos discordes et nos malheurs ne commencent pas à La Moricière; il est né et il a grandi sous leur désastreux empire. C'est un proscrit qui avait succédé à des proscrits. Et qui donc parmi nous, sur cette arène brûlante, dans cette révolution commencée il y a près de quatre-vingts ans, — dont c'était hier même un horrible anniversaire, — et qui dure encore, qui donc n'a pas un jour ou l'autre été vaincu et proscrit? Tout jeune, La Moricière avait accompagné le vainqueur d'Alger sur la plage, et il lui avait dit l'adieu de l'exil. Et avant le vainqueur d'Alger, d'autres encore avaient vu se briser leur épée ou se fermer leur bouche. Mais que de malheurs publics dans ces infortunes privées! Quel deuil pour tant de nobles âmes! Mais aussi quelle déperdition de force pour la patrie! Que de belles pages violemment arrachées des fastes de la France! Ne toucherons-nous donc jamais au terme de ces dévastations périodiques, de ces moissons incendiées avant la récolte? Tous les cœurs droits et toutes les âmes saines n'éprouveront-elles pas bientôt l'unanime impatience de se rencontrer et de se fortifier dans le mutuel respect du devoir, de la justice, de la liberté et de la religion? Ah! du moins ne raillons plus, n'insultons plus. Cherchons au contraire près de cette tombe toutes les grandes leçons renfermées dans de si grands exemples !

La Moricière fut donc, Messieurs, le vaincu de la politique ; il fut aussi vaincu sur un champ de bataille.

Comment, et pour qui ?

Il est sur la terre un homme, le Vicaire de Jésus-Christ, un vieillard, représentant de cette grande force morale et sociale qui s'appelle l'Église, placé par la Providence sur un territoire réservé, pour élever de là une voix libre, et par conséquent souveraine, et garder dans sa souveraineté, qui est sa liberté, la liberté et la dignité de nos consciences.

Eh bien ! par un aveuglement que l'avenir ne comprendra pas, et qui sera une tache éternelle pour notre temps, qu'a-t-on vu ? Le déchaînement le plus implacable des ambitions et des convoitises contre l'Église et son Chef vénérable ;

Et pour l'œuvre de la plus inique des spoliations, la coalition la plus inattendue et la plus odieuse de la Souveraineté et de la Révolution !

Puis, cet abominable hallali de tous les aboyeurs du monde sur un vieillard terrassé !

Ah ! ce spectacle devait soulever un homme d'honneur ! Mais comment persuader le soldat et l'entraîner à ces Thermopyles écrasées d'avance !

La France avait à garder là ses trois vertus principales : la loyauté, la justice, la pitié ; le respect de la parole, le respect du droit, et le respect de la faiblesse.

Honneur à vous, jeunes gens, qui avez compris l'honneur de la France et l'avez dignement représenté ! prouvant ainsi au monde que nous n'avons pas cessé d'être la France de Charlemagne et de saint Louis, la patrie des croisés, et que le cœur de notre pays ne cessera jamais de battre pour l'Église catholique.

Ces braves jeunes gens, Messieurs, ces généreux volontaires ont eu une destinée glorieuse entre toutes. Pour moi, je ne sache rien de plus noble et de plus grand sur la terre.

Car ils ont été les témoins de l'honneur catholique et de l'honneur français ;

Ils se sont levés dans leur jeunesse et leur courage, et

et ils ont été les seconds et les répondants de la justice et du droit, pour la plus grande et la plus sainte des causes ;

Et beaucoup d'entre eux en ont été les martyrs, et ont proclamé, par leur sang répandu, que la foi, la conscience, la justice, méritent qu'on se batte et que l'on meure pour elles.

Eh bien ! l'honneur du général La Moricière, c'est d'avoir été leur chef et de les avoir entraînés. Et voilà ce qui élève tout à coup sa vie et la rehausse dans une plus rare et plus belle lumière.

L'armée, le sang, ne servent pas seulement à faire des conquêtes ; ils servent encore à garder l'ordre et la patrie, et aussi, Messieurs, à protester pour les choses invisibles. Il y a le sang d'Alexandre ; mais il y a aussi le sang de Jeanne d'Arc et le sang des martyrs. La Moricière l'a compris. Et voilà pourquoi, à Paris, en 1848, dans la grande émeute contre l'ordre social, La Moricière résiste à la tête des citoyens et de quelques bataillons aguerris ; et voilà pourquoi aussi, à Castelfidardo, la grande attaque contre l'Église, il résiste à la tête d'une poignée de jeunes gens et d'une faible armée.

Ah ! Messieurs, résister, se faire tuer ! Dieu, la morale, la justice, la faiblesse, sont choses abstraites, invisibles, muettes ; on les supprimerait d'un trait de plume, s'il n'y avait des vivants prêts à crier et d'autres prêts à mourir pour elles Mais la voix se fait entendre, le sang tache, les pierres de la tombe barrent le chemin, et l'iniquité n'a pas, Dieu soit béni ! toute-puissance.

Grande fut donc la cause, Messieurs, grande et glorieuse aussi l'élection qui fut faite de La Moricière pour en être le défenseur.

Tandis que dans son exil il dévorait en silence, comme bien d'autres, ses indignations contre les attentats qui se consommaient, tout à coup, c'est vers lui, le vaincu, le proscrit, que le Vieillard désarmé et écrasé, se tourne ; c'est ce caractère loyal de soldat français, c'est cette épée qui a combattu la barbarie sauvage en Afrique, et la barbarie civilisée à Paris, mais qui dort depuis longtemps inutile, c'est elle que le Pontife menacé implore.

Surpris d'abord, il répondit : « J'ai besoin de réflexion. « Mais c'est là une cause pour laquelle j'aimerais bien « mourir ! »

Un soir, dans une chambre retirée, à Prouzel, étaient réunis un général, un prêtre, un jeune homme. On discutait la question de savoir si le général devait aller se mettre à la tête de l'armée du Pape. Il ne s'agissait pas d'augmenter sa gloire, mais de la sacrifier ; d'illustrer sa vie, mais de l'exposer. On lui demandait d'aller à Rome, de passer la mer, de quitter la France, et de prendre le commandement d'une poignée de jeunes gens qui n'avaient pas vu le feu, appuyés sur des arsenaux vides et des magasins épuisés, ne parlant pas la même langue, mais ralliés par la foi, sur un petit territoire pris entre deux armées dix fois plus nombreuses, plus aguerries, plus équipées, il s'agissait de passer pour un étourdi aux yeux des sages, pour un factieux aux yeux des politiques, pour un chef aventureux aux yeux des militaires, en deux mots, d'agir sans espoir et de mourir sans gloire.

Le prêtre insistait, le jeune homme hésitait, le général méditait. Tout à coup, le guerrier se lève, et dit d'une voix nette et calme : « J'irai. »

Le jeune homme pleura d'admiration, et le prêtre se levant et posant ses mains sur les épaules du guerrier comme pour le bénir, approcha sa tête en silence de sa poitrine et il baisa son cœur !

Le jeune homme a été tué près de son chef ; le prêtre, caractère intrépide et pur, veille encore près du Père des croyants, et le général est celui que je pleure !

Et lorsque, le lendemain de sa décision, un de ses anciens compagnons d'armes lui objectait les difficultés de l'entreprise et le péril de sa gloire : « Quand le Saint-Père, « dans son abandon, dit le général, réclame d'un catholi-« que le secours de son épée, on ne refuse pas. »

Cette cause d'ailleurs était la sienne depuis longtemps. Je l'ai dit.

Mais, en 1860, les choses étaient bien changées ; la cause du Pape, si populaire alors que les périls de la société rendaient sensible à tous l'importance sociale de la Papauté, avait subi bien des revers et des abandons. La Moricière ne se fit aucune illusion : il vit les dangers certains, l'impopularité certaine ; il savait qu'il pouvait être vaincu, et qu'il serait raillé ; et il partit.

On l'a comparé aux anciens croisés ; moi, je dis qu'il fut plus grand, Messieurs. Quand jadis nos pères se croisaient, ils n'avaient qu'à suivre le courant de ces âges chrétiens pour être naturellement portés à Damiette ou à la Massoure ; mais La Moricière eut tout le torrent de son siècle à refouler, avant qu'un petit esquif clandestin et solitaire pût le débarquer sur la plage d'Italie.

« Vous n'avez jamais été vaincu, » lui disait un de ses « amis, vous le serez ! — Que m'importe ? La cause en « vaut la peine, répondit-il. — Mais réfléchissez-y bien. — « Mes réflexions sont faites. Avant tout, un sentiment, ou « plutôt un devoir me domine. Je vois un père que le cou- « rant emporte ; ce père me tend la main, et j'aurais le « cœur d'hésiter ! Non. On me crie : Il vous entraînera « dans sa perte. » Eh bien, soit !

« — On déclarera que vous n'êtes plus Français. — Mon « ami, quand je mourrai, on ne me demandera pas si j'ai « su le code pénal, mais le catéchisme ; et pour m'ouvrir « les portes du paradis, on n'examinera pas si l'on m'a « fermé celles de mon pays. »

Tout cela est textuel.

Et avec une fierté toute chrétienne et toute française, il ajoutait, dans une lettre que tout le monde a lue : « Si on « m'enlevait ma qualité de citoyen français, le monde ca- « tholique tout entier me la rendrait par acclamations ! »

« Eh ! bien, ajoutait-il en riant, c'est donc décidé ; vous « allez faire de moi un lansquenet ! Mais, entendez bien, la « première condition, c'est que vous ne me ferez jamais « faire la guerre contre la France ! »

« Avec un *condottière* comme vous, lui fut-il répondu, « c'est entendu d'avance. »

Et certes, il n'allait pas d'ailleurs défendre à Rome une cause antinationale, mais la cause française par excellence ; et il savait, en reprenant son épée pour répondre à l'appel du Saint-Père, qu'il restait fidèle à toutes les causes de sa vie : il venait faire à Rome ce qu'il avait fait en Afrique et sur les barricades ; seulement l'honneur avait grandi avec la cause et les périls.

Et le monde catholique tressaillit en contemplant à Rome La Moricière à côté de Pie IX. La Moricière, dans la simplicité magnanime de son dévoûment, fut alors l'homme de la terre, sinon le plus grand et le plus fort, du moins le plus noble.

Sa proclamation, en prenant le commandement en chef

des troupes pontificales, montra de suite quelle pensée il avait de sa cause et de sa mission : « Le Christianisme, di- « sait-il, n'est pas seulement la religion du monde civilisé ; « il est le principe et la vie même de la civilisation, et la « Papauté est la clé de voûte du Christianisme. La révolu- « tion, comme autrefois l'islamisme, menace aujourd'hui « l'Europe, et aujourd'hui comme autrefois, la cause du « Pape est la cause de la civilisation et de la liberté dans « le monde. »

Et voyez-le tout d'abord à l'œuvre, Messieurs. Il part, il traverse l'Allemagne, s'embarque à Trieste, arrive à An- cône, et sa puissante activité met de suite tout en mouve- ment. D'un coup d'œil il reconnaît l'importance militaire de la place, et aussitôt des plans sont tracés, des travaux de défense et d'embellissements commencés, que d'autres ont achevés, mais dont la première pensée vient de lui.

Il traverse seul, avec deux compagnons de voyage, MM. de Mérode et de Corcelles, les Marches et l'Ombrie, étudiant les lieux et les populations, ne recevant que des témoignages de respect, et constatant partout, dans ce trajet de soixante-dix lieues, l'amour des populations pour le Saint-Père.

Il arrive à Rome, et je ne vous dirai pas, le pourrais-je? l'entrevue touchante du saint Vieillard avec le guerrier.

A peine arrivé, tout se sent fortifié et rassuré par sa pré- sence. L'aspect de la ville change, les agents de la révolu- tion rentrent dans l'ombre. Il n'est plus question d'émeutes ni de manifestations : Tant peut quelquefois un seul homme! *Si fortè Virum quem...*

Dès le lendemain de son arrivée, un voyageur français regardait le général traverser le pont Saint-Ange, au pas lent de son cheval, sans uniforme, escorté de deux jeunes Français, et en voyant cette contenance, ce calme et mâle regard, on sentait, a dit ce voyageur, que ce qui passait là était l'honneur, c'était l'honneur au service du droit.

Il crée, en quelques mois, au Saint-Père une armée.

Par un souvenir de ses guerres d'Afrique, il voulut qu'il y eût dans cette armée des zouaves ; et ils ont bien porté ce nom.

Il retrouva bien vite son langage d'autrefois pour parler aux troupes : « Soldats, » dit-il aux braves qui avaient fait, conduits par le valeureux Pimodan, l'exploit des grottes, « vous avez marché à l'ennemi sans compter. Je suis content de vous.,. » Et à un bataillon de soldats étrangers — inutile de dire que ce n'étaient pas des Français — qui lui paraissait moins solide : « Préparez-vous.... « je vous mènerai à l'ennemi sans cartouches; aiguisez « vos baïonnettes ! »

Mais comment décrire la prodigieuse activité qui jaillissait en mille tentatives de cet esprit infatigable, les appels du dehors, les soins de tout genre au dedans, les précautions de la plus sévère économie, la multitude des expédients ingénieux, les rapports se succédant sur tous les services : les ingénieurs militaires et civils travaillaient à côté de l'état-major ; des cartes nouvelles étaient faites; les questions de vivres, de manutentions, d'habillements, de tarifs douaniers étaient débatues à la fois. On abordait les projets de routes, de chemins de fer, d'impôts et d'innovations administratives, dans leur rapport avec le but militaire. Un des premiers astronomes de ce siècle, le P. Secchi, était tout étonné de se trouver requis au collége romain pour aller à Ancône installer un nouveau phare. On multipliait les lignes télégraphiques. Des modèles inconnus et des machines perfectionnées étaient importés de France et d'Angleterre. On construisait des casernes; on ouvrait des hôpitaux. Tout d'un coup, un petit arsenal apparaissait avec sa petite artillerie tirée des forts de la côte, où elle avait longtemps dormi sans affûts; et l'on instituait pour la première fois des concours et des examens pour le choix régulier des officiers spéciaux. On pense bien que le ministre des armes secondait cette fougue administrative, et en avait sa bonne part. Le Pape aurait pu s'appliquer ces paroles du psaume : « J'ai dit au vent et à la flamme : « Soyez mes ministres. »

Ce n'était pas assez pour lui d'organiser l'armée : habitué par son commandement d'Afrique à mener de front les travaux civils et les opérations militaires, il parcourait les provinces pontificales, inspectant tout, ayant l'œil à tout, ranimant partout la confiance, et cherchant à faire bénir partout le gouvernement pontifical et le Saint-Père. On parlait quelquefois de poignard ou de poison ; il ne les craignait pas plus que les balles ; et un jour qu'on l'avait averti de se défier d'un aubergiste, il le fit venir, et dit au pauvre homme en riant, et en lui donnant une poignée de

main : « Mon ami, on dit que vous allez ce soir nous em-
« poisonner, c'est très-bien ; mais sachez que je viens d'a-
« jouter pour vous un article dans mon testament en
« vertu duquel, dans les vingt-quatre heures après ma
« mort, vous serez pendu. » Le diner fut excellent.

Infatigable, il voyageait la nuit, et travaillait le jour.
« En un mois, m'écrit un de ses aides de camp, nous
« avons passé dix-neuf nuits, sans que le service en fût
« ralenti. » Voilà bien, « cet homme de fer » que nous
avons vu.

Mais ce que je tiens surtout à dire et à constater, Messieurs, et ce qu'il est nécessaire de ne pas oublier, c'est
que l'œuvre qu'il était venu faire à Rome, et dans les provinces pontificales, il la fit. Organiser une armée, ranimer
la confiance, intimider et réprimer au besoin les agitateurs
dans les provinces que l'armée française ne gardait pas, et
les préserver de l'invasion armée des bandes, telle était la
mission militaire du général. Elle fut immédiatement remplie, et le but atteint. Il fut prouvé que sans l'invasion des
troupes étrangères, le Pape eût gardé ses Etats.

La plus grande tranquillité régnait dans toutes les pos-
sessions du Saint-Père, et quand les bandes tentèrent d'y
pénétrer, le général Pimodan, d'un éclair de son épée, les
avait fait fuir épouvantées.

Mais ce que La Moricière n'avait pas prévu, ce qu'un
loyal soldat ne pouvait prévoir, nous à Rome, c'est ce que
le Piémont osa.

Tirons un voile sur cette infamie !

Je lisais ce matin même dans un prophète : « Pourquoi,
« Seigneur. m'avez-vous fait voir de si près la déprédation
« et l'injustice? Tout droit, toute loi, toute foi a été foulée
« aux pieds. Il s'est fait là une œuvre que l'avenir ne croira
« pas. Les Chaldéens, nation amère et rapide à la proie,
« se sont abattus sur l'étendue de cette terre pour la spo-
« lier, et posséder des tabernacles qui ne sont pas à eux,
« *non sua.* Mais malheur à celui qui multiplie ce qui n'est
« pas à lui ! Le spoliateur sera spolié à son tour! Malheur
« à celui qui amasse les proies de sa cupide convoitise. Les
« pierres mêmes crieront contre lui! »

De quels envahisseurs parle ici le prophète? Des Chaldéens, ou de ceux qui s'abattirent, au mépris de toute justice et de tout honneur, sur le territoire du Saint-Père?

Se jeter dans Ancône avec son armée, et y prolonger la lutte pour donner à l'Europe le temps d'arriver, telle était la seule opération militaire possible au général surpris. Mais les envahisseurs lui barrèrent le passage.

La Moricière ne les compta pas. Ce n'était pas son habitude de compter l'ennemi. Certes, il eût humilié l'armée d'Afrique s'il eût reculé. « Si je l'avais fait, mes anciens « camarades, dit-il noblement, m'auraient renié ; j'ose dire « qu'ils ne m'auraient pas reconnu. »

Ils ne vous ont pas renié, Général ; et après le désastre, à votre retour, nous l'avons vu, les vainqueurs de Sébastopol sont venus vous serrer la main.

Je ne raconterai pas ici, Messieurs, ce que vous savez tous. Le général de La Moricière fut tel qu'il fut toujours. Après avoir tout ordonné, tout inspecté lui-même, et marqué l'emplacement de chaque bataillon, sous le feu de l'artillerie piémontaise, au plus fort de la mêlée, il monte la coline au galop, pénètre jusqu'à la ferme ou l'héroïque Pimodan venait de recevoir sa première blessure, et lui tend la main ; puis, comme c'était son habitude en Afrique, il pousse son cheval, seul à cent pas au delà des lignes, en face de l'ennemi, pour juger la situation, rejoint le reste de l'armée, essaye encore d'entraîner au secours de l'intrépide bataillon des zouaves les bataillons qui n'ont pas donné ; et quand tout est perdu, écrasé, ce qu'il voulait faire avec son armée, il le fit seul. Il menait son armée à Ancône : il y alla. Deux régiments piémontais lui barraient la route jusqu'à la mer ; il passa, à travers six lieues d'obsstacles, avec quelques cavaliers, malgré les deux régiments. Les généraux ennemis en furent confondus : ils crurent qu'il avait pris la mer.

L'arrivée inespérée du général à Ancône fut saluée par des hourras qui se répondaient de tous les forts et postes détachés. La flotte piémontaise en parut stupéfiée ; les frégates cessèrent le feu et retournèrent au large prendre leur mouillage. L'entrée du général rendait à tous le courage ; partout sur son passage les soldats poussaient des cris de joie ; les tambours battaient. Aux portes, aux fenêtres des maisons, les figures étaient muettes d'étonnement et de surprise.

Et je le vois immédiatement après à Ancône, excitant les ardeurs éteintes, animant à une résistance désespérée, protestant que rien au monde ne lui fera amener son drapeau, tant que ses défenses seront intactes, devant des menaces de bombardement ou d'escalade : pendant douze jours, avec trente-quatre canons contre trois cent cinquante, il soutint ce siége héroïque, toujours afin de donner le temps aux puissances catholiques de venir. Elles ne vinrent pas!..

Et quand il fut prouvé que d'aucun côté rien ne viendrait, quand les défenses du fort écroulées eurent laissé ouverte une brèche de sept cents mètres, la tâche de La Moricière fut finie : il ne lui restait plus qu'à boire courageusement jusqu'à la lie son glorieux calice; il rendit ses vaillantes armes et laissa voir au monde La Moricière prisonnier.

Il fut donc vaincu; oui, comme les croisés, dont les défaites ont sauvé l'Europe et la civilisation du monde!

Vaincu, mais après avoir taché de sang les mains des envahisseurs; et cette tache ne s'effacera pas!

Oui, vaincu, bombardé et bombardé encore pendant douze heures après la capitulation; mais devant l'éternel honneur, devant l'histoire et devant Dieu, qui n'aimerait mieux ici être le vaincu que le vainqueur?

Et tandis que les lâches l'insultaient, lui, prisonnier de l'honneur, donnait encore à ses tristes vainqueurs des preuves de son caractère invincible, et recevait de ses soldats malheureux des témoignages d'enthousiasme et de respect.

Conduit par les Piémontais à Gênes, sur les côtes de l'Adriatique, une tempête s'élève, si violente, que le capitaine du navire, aux abois, ne sait plus donner ses ordres. Le général s'en aperçoit, et avec ce sang-froid qui n'était jamais chez lui plus grand qu'au moment du péril : « Nous « sommes prisonniers sur parole, dit-il; mais nous ne nous « sommes pas engagés à nous laisser noyer. » A l'instant il donne le commandement à un ancien officier de marine blessé qui était là, fait fabriquer, avec ce qui restait de cartouches aux prisonniers, des gargousses, et tirer le canon d'alarmes. Bientôt arrivait de Brindes un pilote, et le navire était sauvé.

Dans les eaux de la mer Tyrrhénienne, le bateau qui le portait se croisa avec un bâtiment qui ramenait deux mille de ses soldats rendus à la liberté, grâce à la ferme et habile négociation de M. de Corcelles. En les voyant, il les salua de la main. Dès que ceux-ci reconnurent leur général, ils le saluèrent d'une immense acclamation qui retentit au loin sur les flots, comme s'ils eussent été vainqueurs!

Et ils l'étaient ; car le vieil honneur du sang français, l'honneur du sang chrétien, ils l'avaient soutenu jusqu'au bout.

Ils l'étaient ; car ils avaient combattu et souffert pour la religion et pour la justice, choses, bon gré mal gré, ici-bas invincibles.

Ils l'étaient ; car ils venaient de vaincre les traitements odieux du Piémont, et ses sollicitations plus odieuses encore : vingt seulement sur deux mille avaient cédé à l'appât des grades et de l'argent ; tous les autres étaient restés dans leur revers fidèles au Pape.

Oui, ils étaient vainqueurs, ces vaincus, dont une bouche étrangère et protestante disait dans une région lointaine : « *Ce sont les derniers martyrs de l'honneur européen !* »

Quand Pie IX revit à Rome leur général, qui lui remit le drapeau de Lépante qu'il avait pu sauver, et que, ne sachant dans son cœur comment s'acquitter de Castelfidardo, il eut un moment la pensée de jeter sur le glorieux vaincu l'honneur du principal romain : « Non, répondit le géné- « ral, je m'appelle et désire m'appeler toujours Léon de **La** « **Moricière**. » Alors Pie IX lui écrivit ces touchantes paroles : « Je vous envoie du moins ce que vous ne pourrez « pas refuser, l'ordre du Christ, pour lequel vous avez com- « battu, et qui sera, je l'espère, votre récompense et la « mienne. »

Cette parole devait s'accomplir, et Jésus-Christ devait se trouver près de lui un jour, et être son dernier consolateur.

Je me hâte, Messieurs, et j'achève.

Il est une victoire, la plus belle de toutes, et dont saint Paul a dit : « La victoire qui triomphe ici-bas du monde, « c'est notre foi : *Et hæc est victoria quæ vincit mundum*, « *fides nostra*. » Eh bien ! cette victoire de la foi fut remportée aussi sur le général de La Moricière : il fut le vaincu de Dieu.

Hâtons-nous toutefois de le dire, La Moriclère ne fut pas vaincu à la façon d'un ennemi. Grâce au ciel, il ne combattit jamais contre Dieu. Le sang breton et chrétien qui coulait dans ses veines, les inspirations de son grand esprit et de son grand cœur, en faisaient un de ces chrétiens qui s'ignorent eux-mêmes et que Dieu retrouve à son jour. En voulez-vous une preuve ? Un jour, en 1850, il quitta l'Assemblée et les plus grandes affaires, et fit deux cents lieues, pour décider à se reconnaître avant la mort et à se confesser, un vieil oncle. Et quand le prêtre sortit de chez le vieillard, son ministère rempli, le général de La Moricière, qui l'attendait dans l'antichambre, lui prit les mains, et l'embrassa en pleurant. Mais la jeunesse et la vie des camps, l'émotion des batailles, les prestiges de la gloire, firent longtemps du bruit à ses oreilles, et soulevèrent sous ses pas une poussière qui lui dérobait les choses de l'âme et les choses de Dieu. Les grandes lumières devaient jaillir pour lui des grandes épreuves.

Dans ma vie, Messieurs, j'ai vu déjà trois fois les proscrits, et je connais leurs larmes : mais je vous dois ici, je dois à Dieu un autre témoignage : j'ai vu Dieu partager leur exil et leur solitude, et remplir le vide de leur existence brisée. J'ai vu peu à peu la justice honorer leur nom, le respect revenir à leur digne et forte vieillesse, et la religion, comme une rosée, attendrir, rafraîchir et envahir leur âme.

Décidément, Messieurs, Jésus-Christ aime, comme au temps de sa vie mortelle, ceux qui ont souffert ici-bas, et il les cherche dans les humbles sentiers et sur les terres oubliées par le bruit. On ne l'a pas vu dans les foules ou dans les palais, et il n'est pas de ceux qui demandent audience aux têtes couronnées et aux puissants du monde. Mais il s'approche des malheureux, et on le rencontre dans les retraites solitaires ; il est dans le sillon, derrière celui qui moissonne, et, la nuit, il s'asseoit près de la lampe de l'homme d'étude qui travaille et qui cherche de bonne foi l'Évangile. J'ai vu, j'ai vu sans cesse, dans ma carrière sacerdotale, ce phénomène de Jésus se penchant, comme le Samaritain, vers le blessé de la vie publique, resté seul sur le bord du chemin, et j'ai vu surtout cette apparition de la vérité rendue visible à des âmes guerrières.

Vous ne savez pas, Messieurs, l'attrait que Jésus inspire aux cœurs militaires.

Les livres présomptueux de la prétendue science s'accordent avec les livres puérils d'une littérature qui se croit pieuse, pour nous présenter un Christ affadi, qui n'est pas le nôtre. On nous rapetisse le Christ de Clovis, de Charlemagne et de saint Louis ; on oublie qu'il est le Fils et l'égal du Dieu des armées. Sans doute, il était doux et tendre, mais il n'était pas moins fort et brave ; et, s'il est l'agneau qui se laisse égorger, et qui meurt pour son peuple, il est aussi le Lion de la tribu de Juda qui nous délivre et nous sauve ; il est surtout un Dieu qui parle, un Dieu qui commande, et sa voix a un accent qui en impose aux âmes guerrières. Une de nos légendes, au sens merveilleux, rappelle un Saint qui fut un homme redoutable, et bien décidé à ne jamais céder qu'à un plus fort que lui : un jour, un enfant se présente et lui demande de le mettre sur son épaule et de le porter de l'autre côté du torrent ; le géant sourit, et il enlève ce chétif enfant du bout de sa main ; mais au milieu de l'eau, il sent que l'enfant pèse, et il entend : « Tu portes celui qui porte le monde. » Le nom de Christophe, Porte-Christ, lui est demeuré, et c'était un des noms de ce général de La Moricière qui, dans l'exil, céda à Jésus-Christ. Ce Jésus-Christ, depuis sa première communion, il le portait dans son cœur ; il le portait avec lui à travers les batailles, les vallées, les torrents et les montagnes d'Afrique. Il ne le servait pas ; mais il ne le laissait jamais insulter en sa présence. Tout à coup il sentit dans son âme comme un poids qu'il ne pouvait plus porter. Étonné, il s'arrête un moment ; il regarde : c'était Jésus-Christ ! « C'est moi ! lui dit le Maître. »

Le divin Maître saisit à la fois cette âme généreuse par ce qu'elle avait de plus fort et de plus tendre. Il lui apparut d'abord sous les traits de sa femme et de ses filles, et dans les souvenirs médités de la mère incomparable à qui il devait sa belle-mère, sa femme et ses filles. Puis il entendit comme une voix qui murmurait à l'oreille du banni : « Tu es dans l'exil, je serai ton compagnon ; tu es seul, je partagerai ta vie ; ton âme est vide, je la remplirai ; tu n'as plus de carrière, je serai ton occupation et la nourriture de ton cœur ; plus d'avenir, il y a le ciel ; plus de patrie, je serai ta patrie, ta maison, ta terre et ton repos ! » Ce que je dis ici, Messieurs, est de l'histoire, et j'ai encore ici des témoins.

C'est, Messieurs, cette conversion dont je ne puis tout vous taire, bien que j'aime à laisser dans le secret ces dialogues sublimes du Père des âmes avec les âmes ; mais ce grand acte fait partie de la vie publique de celui que je pleure avec vous, et il ne le cachait pas. Les actions, comme les monuments, comme les mots, ont un style, et notre époque aime naturellement ce qui est moderne, et je ne l'en blâme pas, si elle respecte aussi ce qui est antique, grand et sacré. La publicité, la liberté, voilà les goûts de notre âge. Or, La Moricière était moderne, et c'est pourquoi il fut populaire ; et il se convertit librement et publiquement : il s'est converti comme il s'est battu, en plein soleil. De plus, cet acte explique ce qui l'a suivi, et comment La Moricière fut prêt, lorsque Dieu lui demanda successivement trois sacrifices, les plus grands qui se puissent imaginer : son *fils*, son *épée*, sa *vie*.

Quand donc il fut tombé, et qu'après ces grandes ruines dont il faisait lui-même partie, il put jeter de nouveau son regard sur la scène publique d'où il avait disparu, de nouvelles perspectives s'ouvrirent devant lui, et les choses de ce monde lui apparurent sous des aspects qu'il ne connaissait pas. Tout l'horizon supérieur des choses de Dieu se dévoila devant lui. Je trouve la trace de ces préoccupations nouvelles dans une lettre écrite de Bruxelles en 1855, où il résumait ainsi sa vie depuis l'Ecole polytechnique :

« Depuis lors, j'ai mené les armes pendant dix-huit ans;
« j'ai passé quatre ans dans nos luttes et nos disputes po-
« litiques, et depuis trois ans je suis dans l'exil où Dieu
« m'a conduit pour me donner le temps et le besoin de
« réfléchir, et *de regarder les choses du point de vue où*
« *on les voit ce qu'elles sont.* »

Dans cette disposition d'esprit, la religion lui parut ce qu'elle est en effet, le nécessaire et grand objet de la pensée de tout homme raisonnable ; et il ne comprit pas qu'il fût possible d'y rester oublieux ou indifférent, parce que l'oubli ou l'indifférence ne sont pas des convictions, pas plus que la mollesse d'esprit, qui recule devant le travail, et la faiblesse de cœur, qui recule devant la vertu, ne sont des excuses.

Résolu donc à étudier le christianisme, il apporta dans cette étude toutes ses habitudes de ferme raison, toute son ardeur de recherches, toute la rigueur et la précision de son esprit mathématique et philosophique en même temps. Il prit un à un tous les articles du *Credo*, et les étudia profondément. « Il discutait et travaillait, écrit un témoin
« de ces luttes, avec une opiniâtre ténacité, retournant
« les questions sous toutes les faces, épuisant les diffi-
« cultés avec une énergie infatigable, mais se rendant
« loyalement, quand la lumière était faite, et disant avec
« joie : C'est vrai. »

Car il est bien à remarquer, comme me l'attestait un autre fréquent témoin, qu'il discutait, mais ne disputait pas. Il ne combattait pas contre la vérité, mais contre le doute ou l'ignorance. Et il était vraiment curieux de le voir faire une question, pousser à bout les réponses, et arriver en deux bonds à des solutions doctrinales et morales qu'auraient enviées des théologiens. Son esprit, prompt, pénétrant, saisissait avec une vivacité et une sûreté extraordinaires, tous les éclairs de bon sens et de vérité qui jaillissaient de la discussion.

Un jour, et quand il était déjà revenu à la pratique religieuse, il discutait à Paris, devant une de ses filles, avec le curé de sa paroisse, sur la fréquente communion. « Nous ne sommes pas dignes de communier si souvent, « disait-il. — C'est vrai, répondit le curé, mais nous en « avons besoin. La communion est moins une récompense « qu'une grâce et un secours. » — Le général s'arrête un moment... « Monsieur le curé, on m'avait donné jusqu'ici « vingt-cinq mille mauvaises raisons, mais vous m'en « donnez une bonne. Il suffit. Ma fille, communie tant que « tu pourras. »

En un mot, ce soldat, cet homme pratique et positif, grand esprit, courageux, parfaitement sincère, une fois placé à *ce point de vue d'où l'on voit les choses ce qu'elles sont*, et saisi de la nécessité où est tout homme de bon sens et de bonne foi, de ne pas rester indifférent ou incertain sur des questions qui sont le tout de l'homme, comme dit Bossuet, voulut absolument voir clair dans ces questions, et ne se donna même pas de repos qu'il n'en fût venu à bout.

Dans les belles pages qu'il lui a consacrées, et où l'on sentait si bien deux âmes de même trempe, M. de Montalembert l'a montré à Bruxelles, assujettissant ces cartes de géographie sur lesquelles il suivait avec une anxiété et une sympathie passionnée les progrès de nos armées, au moyen des livres qui lui étaient les plus usuels. Quels étaient ces livres ? Le *Catéchisme*, un livre de messe, l'*Imitation*, et un volume des œuvres philosophiques du P. Gratry ; et il disait à un de ses anciens collègues et amis, étonné de trouver de tels livres chez lui : « Eh bien ! oui, j'en suis « là, je m'occupe de cela. Je ne veux pas rester comme « vous, le pied en l'air, entre le ciel et la terre, entre le

« jour et la nuit ; je veux savoir où je vais, à quoi m'en
« tenir. Et je n'en fais pas mystère. »

Dieu ne devait pas manquer à une telle bonne volonté
et à de si francs efforts. Disons encore que les hautes études
philosophiques, dont il occupait son exil, favorisaient aussi
son retour à la religion. Je trouve la trace de ces études
dans la lettre que j'ai citée. Le général y parle « d'un
« jeune écrivain qui venait de dire avec une grande ai-
« sance que l'idée de l'infini n'était jamais entrée dans les
« connaissances humaines que pour les embrouiller. Il y
« a des gens du monde, ajoutait le général, qui croiront
« cette folie !... »

La foi enfin arriva dans cette âme à son plein jour, et
quelques semaines après la lettre que je viens de citer, le
général communiait à Pâques dans la cathédrale de Bruxelles.
Dès lors, Messieurs, le général de La Moricière fut un bon
et grand chrétien. Et dès lors aussi, disons-le, avec ses
nouvelles lumières, des consolations inconnues, une sérénité
plus haute, une force plus sûre d'elle-même et des espérances meilleures, entrèrent dans son âme.

Oh! que ses compagnons d'armes, que tous les hommes
exposés aux périls des batailles ou aux mécomptes de la
vie publique me permettent de leur souhaiter pareille sagesse et pareil bonheur !...

Et venez voir maintenant, ô vous qui ne connaissez pas
ces spectacles, ni les transformations merveilleuses des
âmes sous la main de Dieu, venez voir, dans son intérieur
caché, l'homme des batailles, pratiquant désormais toutes
ces humbles et grandes vertus de l'époux, du père, du
chrétien.

Le général de La Moricière se reposait de ses grands
travaux entrepris pour le service de l'Église et du Pape, et
durant tant d'années pour le service de la France, en faisant
dans ses deux paroisses du Louroux et de Prouzel le bien
sous toutes ses formes : églises, écoles, soins des malades,
sœurs de charité, ou bien améliorations agricoles, routes
faites à ses frais, aumônes, etc. Toutes ces bonnes œuvres
étaient pour lui une sorte de récréation ; il n'en prenait
point d'autres. Ses pensées étaient constamment dirigées
vers le bien et le progrès continuel du bien ; il avait pour
principe que toute œuvre qui n'avance pas, recule. Sa grande
œuvre fut, pendant cinq ans, la reconstruction de l'église

de son village. Il était heureux d'achever cette œuvre. Il se réjouissait d'en voir s'élever la flèche lorsqu'il fut frappé de mort.

Du reste, il remplissait avec une scrupuleuse exactitude tous les devoirs privés et publics du chrétien. Les lois de l'Eglise, il les observait simplement. On le voyait, donnant l'exemple, prendre plaisir à assister le dimanche aux offices de sa paroisse, soit à la ville, soit à la campagne.

Il s'approchait fréquemment des sacrements, le matin, de bonne heure, sans respect humain, puisqu'il ne se cachait de personne, et aussi sans ostentation, car il se mettait tout humblement dans un petit coin de l'église. Il se tenait toujours prêt à paraître devant Dieu. « L'avenir ne nous « appartient pas, répétait-il à Rome à ses jeunes aides de « camp ; quand on part pour une expédition, on doit se « dire qu'on n'en reviendra pas ; et il faut arranger ses af- « faires spirituelles et temporelles en conséquence, de telle « sorte qu'on n'ait plus qu'à marcher en avant. »

Son bonheur était de travailler lui-même à former le cœur de ses enfants ; il aimait à prier avec eux. Ses filles lui faisaient quelquefois dire avec elles une dizaine de chapelet. Il suivait surtout leurs leçons de catéchisme. Il les y conduisait lui-même souvent, le leur faisait répéter et expliquer. Il assistait aux leçons qu'on leur en faisait chez lui, se promenant durant ce temps dans la chambre, et écoutant. Pendant les retraites qui précèdent les premières communions, — c'est de son curé même, Messieurs, que je tiens ces choses, — il s'occupait de ses filles avec une sorte d'âpreté tendre et inquiète. Lui qui ne revenait plus à Paris et qui n'y a jamais séjourné depuis son exil, y est venu et y a demeuré aux deux grandes époques de la première communion de ses enfants. Il communia la veille de la première communion de l'aînée ; et à la première communion de sa seconde fille, il communia à côté d'elle le jour même. Voilà quel père et quel chrétien c'était. « Je l'ai vu pleurer « comme un enfant ce jour-là ! » me dit un de ses amis. Et il ajoute : « Et nous ayant tous, ce même jour, réunis à « sa table, il nous laissa de lui, comme homme, comme « chrétien, comme père, une impression d'édification et « d'admiration que je n'oublierai de ma vie. »

Il ne pouvait, du reste, voir ses enfants malades, sans tomber dans des inquiétudes mortelles. « Je ne me com-

« prends pas moi-même, disait-il à un de ses amis; moi
« qui ai vu tant de fois la mort en Afrique, je ne puis les
« voir souffrir sans que les larmes me viennent aux yeux.»
Ah ! c'était le cœur le plus tendre sous une enveloppe de
bronze.

Je vous en citerai encore un trait bien inconnu. Je le
prends au sein même de cette puissante activité que j'ai
essayé de vous dépeindre dans son commandement de
Rome. Un soir, à Pesaro, il s'était couché triste et préoc-
cupé. Tout à coup, dans la nuit, il appelle son aide de
camp. Celui-ci le trouve ému, consterné, n'y tenant plus,
et il entend ces paroles entrecoupées : « Pauvre femme!
pauvres enfants! Enfin, mon Dieu, il en sera ce que vous
voudrez! » Le bateau qui devait amener sa femme et ses
enfants était en retard de vingt-quatre heures, et les nouvelles télégraphiques de Civita-Vecchia disaient que la mer
avait été horrible. Le général pria toute la nuit à genoux,
et le lendemain il disait à son aide de camp : « J'ai passé
une rude nuit ! »

Quand il perdit son fils, ce fils unique, sa douleur fut
extrême, et néanmoins admirablement résignée. Ecoutez
les belles paroles qu'il écrivit alors à la mère de son enfant : « Je prévois le sacrifice que Dieu demande de nous :
« que sa volonté soit faite. Il nous l'avait donné, il nous le
« reprend... Michel sera plus heureux que nous là-haut. »

Je m'oublie peut-être, Messieurs, dans ces touchants
récits ; mais ils étaient nécessaires pour ajouter un dernier
trait, et comme un doux et pur rayon à cette mâle et fière
physionomie.

Achevons-en le portrait, et regardons-le un moment dans
ses relations sociales. Tous ceux qui l'ont connu attestent,
avec la bonté de son cœur et la loyauté de son caractère,
la sûreté et l'amabilité de son commerce. Il exerçait autour
de lui une sorte de séduction. Quiconque l'approchait était
sous le charme. Son esprit était des plus variés, des plus
étendus, des plus féconds, et toujours en mouvement; se
mêlant à tout, comprenant tout, ayant une opinion sur
tout, *même sur les hypothèques*, disait un de ses amis :
d'ailleurs d'une bonne foi admirable, et d'un rare désintéressement d'amour-propre pour revenir d'une erreur. Sa
conversation, vive, animée, spirituelle, abondait en traits,
en saillies, en images naturelles et ingénieuses, expressives

et pittoresques, empruntées de la vie des camps où il avait vécu, et à la vie rurale dont il était fort épris. Il parlait, en un mot, comme un Breton et un soldat, avec une grâce qu'on aimait en tout pays, quoiqu'elle fût très-française. Son Anjou, sa chère Bretagne et sa chère Afrique, en étaient le fond. Lorsqu'il eut à donner un uniforme aux zouaves. il se souvint du costume commode de l'Armorique. Sa verve était quelquefois familière, mais avec un certain sel gaulois, soldatesque et champêtre, qui ne permettait pas de la juger comme entachée de trivialité, et à côté de je ne sais quelle originalité perçait la grâce naïve, la droiture de l'âme, et un vigoureux bon sens. Jamais de morgue ; aucune prétention, même hiérarchique ; mais sa modestie était vraie, sans efforts, celle d'un homme de bien qui ne songe qu'à son devoir, et non pas seulement d'un homme de bon goût qui sent le ridicule attaché à la vanterie. Jamais il ne parla comme un génie malheureux, étouffant des discours qu'il n'avait pu faire, ou des victoires qu'on lui avait dérobées. Il avait horreur des grands mots, ils lui échappaient malgré lui, et jamais il n'y a mis la moindre toilette. Lettré, il citait au Pape, à l'occasion, Virgile et Horace, et quelquefois saint Paul à son curé. C'était du reste l'homme le plus âpre au labeur. Toute la fougue et l'impétuosité de son caractère se concentraient instantanément sur un travail, immobile, persévérant, quelquefois pendant vingt-quatre heures, jusqu'à ce qu'il eût creusé jusqu'au fond, et conquis la vérité. Il ne lâchait pas prise sans cela. Son obstination et son audace croissaient avec les difficultés. De plus, il devenait alors aussi attentif et circonspect qu'il paraissait quelquefois incandescent et mobile, dans les loisirs qui précèdent l'action. La responsabilité des fortes entreprises était comme un lest qui réglait tout d'un coup ses impétueux mouvements, et sans lui ôter, au besoin, sa fougue entraînante, lui apportait toute la prudence du commandement.

Dans les affaires, son ardeur l'entraînait quelquefois à des vivacités, mais jamais à rien d'amer ou d'offensant pour personne. Ses colères apparentes étaient quelquefois très-vives, mais la bonhomie se devinait dans ses anathèmes. L'habitude du commandement, le besoin d'une exécution intelligente et rapide, la passion de bien faire, excusaient toujours ses plus grandes brusqueries ; et dès

qu'il s'apercevait d'une impression pénible, combien il
était prompt à l'effacer par les plus gracieux retours! Il
savait ainsi ajouter à ses défauts mêmes tout le charme de
son esprit. Jamais il ne dit de mal de personne, même
dans son exil; c'est ce que m'ont attesté deux des hommes
qui ont le plus longtemps vécu dans son intimité. Il ne
dénigrait jamais qui que ce fût. Il jugeait les hommes, il ne
les dénigrait pas. Rien de petit dans cette nature. Honnête
homme et homme d'honneur au plus haut degré ; mélange
singulier et aimable des qualités bretonnes, françaises et
militaires, et enfin chrétiennes, quand la pratique de la
religion eut pénétré dans sa vie, et ajouté aux dons de la
nature ce je ne sais quoi de plus achevé et de plus heureux
encore qui vient des dons de Dieu.

C'est dans l'exercice modeste de ces vertus si simples,
mais si grandes, adouci, dompté, transformé par la grâce,
chrétien sincère et pratiquant, ressentant dans son âme les
douleurs et les épreuves de l'Église comme de la patrie, que
l'élection divine vint le chercher pour cette gloire dont il
était digne, et le fit ici-bas le soldat de Dieu et de l'Église,
et le représentant, à l'heure solennelle où nous sommes,
de la fidélité catholique et de l'honneur français.

Sa devise lui allait bien; elle lui fut bonne dans la vie
et dans la mort : *Spes mea Deus.* Elle se développait en
lettres d'or sur un azur parsemé de coquilles d'argent,
comme ces coquilles de pèlerin qu'on voit dans les vieilles
images. Et en effet, soldat et pèlerin du Christ, il a entrepris les pèlerinages de Rome et de Lorette. Comment et
pourquoi? Le plus lointain avenir le redira à la gloire de
son nom.

Et maintenant, chrétiens, le jour du dernier pèlerinage,
l'heure suprême est venue ; il faut nous séparer de lui!

Il était plein de vie et de force : on le croyait du moins.
Cependant il avait toujours eu des pressentiments de mort,
et sa maxime était qu'il fallait toujours être prêt pour ne
pas être surpris. Il était donc seul à la campagne, à Prouzel, près Amiens ; sa femme et ses enfants, retenus loin de
lui, allaient revenir. C'était un dimanche, et ce jour-là
c'avait été l'adoration du Saint-Sacrement dans l'église de
son village. Il était allé, selon sa coutume, à la Grand'-
Messe; le soir, il s'était rendu encore au Salut, et était
resté tout le temps à genoux au milieu des paysans, lui,

le vieux soldat de nos guerres africaines. Et, sa bonne journée de chrétien ainsi faite, il était rentré paisible et content chez lui. Il avait lu ensuite, comme il le faisait chaque soir, quelques pages de l'histoire des luttes de l'Église. Le bon curé de son village était venu, comme il en avait l'habitude le dimanche, passer sa soirée avec lui, et ils étaient restés à causer ensemble jusqu'à dix heures et demie; quand le curé le quitta : « Je suis très-content, Monsieur le « curé, lui avait dit le général, de ce que vous m'avez dit ce « soir. » L'entretien avait roulé sur le purgatoire, le ciel et la vie future. Il ne savait pas en être si proche. Tout à coup à une heure du matin, une douleur inaccoutumée, soudaine, aiguë, se fait sentir. C'était la mort, ou plutôt c'était Dieu qui venait. Il détacha aussitôt de la muraille son crucifix, pour son dernier combat, comme autrefois il saisissait son épée. Quand le prêtre arriva, le général était debout, marchant à pas lents dans sa chambre, et pressant le crucifix sur son cœur. A la vue du prêtre, il tombe à genoux, appuyé sur son lit; le crucifix échappe à sa main défaillante, mais il le retenait encore et le serrait avec ses deux bras sur sa poitrine. Le prêtre a le temps de lui donner une dernière absolution. Cela fait, il remit son âme aux mains de son Créateur.

Près de son lit, sur une table, se trouvait encore ouverte cette histoire de l'Église ; non loin de là, sur un guéridon, une *Imitation de Jésus-Christ*, avec des marques mises par lui aux chapitres qu'il préférait ; plus loin des livres de guerre : tout dans cette chambre respirait la foi et la vie d'un grand capitaine catholique et français.

Ainsi s'éteignit ici-bas ce vaillant cœur : ainsi mourut-il sans appareil, seul, dans ce château désert, au milieu des ombres de la nuit, dans le silence du ciel et de la terre ; rien là, que Jésus-Christ et son soldat, en présence d'un pauvre prêtre, et le soldat serrant la croix de son Dieu sur son cœur. Tu mourus ainsi, ô Bayard, seul au pied d'un arbre, baisant, à défaut de crucifix, la croix de ton épée.

Messieurs, quand un homme a ainsi vécu, et qu'il est ainsi mort, est-ce trop que de l'appeler un héros chrétien ?

Je vous convie donc une dernière fois à l'honorer, vous tous, qui que vous soyez ; car c'est honorer la France qui a produit ce sang, l'Eglise qui inspira cette âme, notre siècle qui forma cette éblouissante, aimable et glorieuse physionomie! Pendant la vie, on s'incline devant les puissances qu'on redoute; après la mort, la grandeur n'appartient plus qu'à ceux qu'on estime.

Son tombeau est caché dans une lande inconnue de cette terre de Bretagne; mais la reconnaissance de l'Eglise et de la patrie iront toujours l'y chercher.

Il y avait dans la grande armée un homme; c'était aussi un Breton, que l'on appelait le *premier grenadier français.* Ses cendres reposent dans un cimetière obscur, de l'autre côté de la frontière, et l'on a écrit sur la pierre : « Celui qui « a combattu pour de grandes causes, il est partout, même « à l'étranger, dans son pays. » La Moricière, revenu sur la terre de France, y est mort et a été porté à l'ombre de l'église d'un pauvre village. Mais qu'importe? La modestie de sa tombe ajoute à l'éclat de sa vie, et même, en ce lieu ignoré, cet héroïque enfant de la France est et sera toujours glorieux.

Il a connu les alternatives contraires des choses humaines, le succès, l'épreuve : et dans l'une ou l'autre fortune, il a dépassé la mesure commune assignée aux hommes, et atteint les hauteurs où réside l'héroïsme. Grand soldat, grand citoyen, et aussi grand chrétien, sa gloire a grandi dans ses revers, et il a dû à ses malheurs, qui l'ont rapproché de Dieu, le plus haut honneur de sa vie, cette résolution magnanime dont sa foi a rendu capable son grand cœur, et qui le tire de la foule des guerriers célèbres, pour lui assigner une place à part devant la postérité.

On dit que le monde est mené par les génies ; moi je soutiens qu'il est sauvé par les héros, et surtout par ceux dont la foi accroît l'héroïsme. La foi est un feu qui transforme les âmes. Elle tombe sur des têtes de femmes, d'hommes ou d'enfants, et elle en fait des martyrs, des apôtres et des anges de charité. Elle tombe sur un cœur de soldat, elle en fond le bronze, et elle le décide à troquer le bâton de maréchal de France pour le crucifix. Elle tombe aussi, je le sens, sur les lèvres refroidies par la fatigue et les années et en tire encore quelque accent et quelque flamme. Elle tombe en ce moment sur une veuve, des filles, une mère, et elle les couvre de gloire, de résignation, d'espérance. Elle tombe sur vous, Messieurs, et vous enlève un instant aux affaires, au bruit, à la terre, pour mouiller vos yeux et vous élever dans la pure lumière des actions faites pour Dieu.

Je vous demande d'accorder à ce grand homme, après sa mort, une victoire dernière ; je vous demande de vous laisser vaincre par son exemple. Il n'est plus là, sa dépouille n'est qu'un nom, ma voix qu'un accent bientôt évanoui. Mais si ce guerrier terrasse en vous le respect humain, la mollesse, l'envie, l'incrédulité ; s'il vous apprend à aimer l'honneur et la croix, ce sera, Messieurs, sa plus belle victoire, et je vous le demande. Jurons de l'imiter, avant de le suivre ! Mon Dieu ! daignez faire germer pour mon pays, sur cette tombe, des soldats, des citoyens et des chrétiens dignes de celui que nos regrets accompagnent jusqu'au seuil de votre éternité.

Un dernier mot, Messieurs.

Les catholiques de France avaient voulu, à son retour de Rome, lui donner une épée d'honneur. Il l'a refusée. « On ne donne une épée d'honneur qu'aux vainqueurs, « dit-il ; j'ai été vaincu. »

Cette épée, on m'a demandé de la lui rendre. Je la dépose sur son cercueil.

Vous ne pouvez la refuser maintenant, Général ! La reconnaissance de l'Église et de la France catholique vous la doit, car vous avez bien combattu, et une défaite, triomphante à l'envi des victoires, ne peut vous la faire tomber des mains. Rome a célébré votre service funèbre sur l'*Ara Cœli*, au Capitole : vous étiez digne d'y monter. C'est avec cette épée dans la main, et la croix sur votre cœur, que la postérité vous verra. Vaincu, non vous ne le fûtes pas : c'est vous le victorieux. Vous avez vaincu votre gloire même pour servir la cause de Dieu. Et cette cause est invincible. Le champion de l'Eglise peut mourir, disait un Père, *occidi potest ;* mais il ne peut être vaincu, *vinci non potest.* Si l'Église paraît quelquefois succomber dans les épreuves du temps et dans l'abandon des hommes, elle triomphe dans une région plus haute, et elle a un défenseur invisible, qui vient à elle quand tous lui manquent.

Ah ! si notre confiance devait être déçue ; si, par un mystérieux jugement de Dieu, l'iniquité doit poursuivre jusqu'au bout son œuvre ; si, abandonné à votre faiblesse, ô saint Pontife, ô Père de nos âmes, vous devez voir des malheurs dont je détourne les yeux ; si enfin, ce qu'à Dieu ne plaise, je poussais aujourd'hui devant ce cercueil le dernier cri de l'honneur français, ah ! nous du moins, catholiques de France, nous vous resterons fidèles ; rien ne nous séparera jamais de vous, et jusqu'au dernier moment nous proclamerons à jamais honteux le triomphe du mal, et croirons invinciblement au triomphe du bien.

Vous le voyez déjà ce triomphe, ô vous à qui j'adresse un dernier adieu, noble et vaillant La Moricière, vous le voyez dans cette lumière de Dieu où vous êtes entré, prenant votre place près de Pierre et de Paul pour lesquels vous avez combattu, dans la légion des Judas Machabée, des Maurice, et de tous les guerriers qui ont porté ici-bas l'épée pour la cause de Dieu. Car en ce moment, chrétiens, aux yeux de ma foi, les ombres du tombeau se dissipent, et je ne vois plus rien ici de périssable. Le lion vainqueur, comme un grand pape le disait d'un grand martyr, s'en est allé dans les cieux, et je cherche en vain ici la matière corruptible et mortelle : je ne vois plus que la gloire de l'immortalité dans l'éternel triomphe. *Leone in cœlos abeunte, deficit materia mortalis. Amen.*

**Lettre écrite par MM. les Grands-Vicaires et le Chapitre
de Nantes à Mgr l'Évêque d'Orléans, après l'oraison
funèbre du général de La Moricière.**

« Nantes, 7 novembre 1865.

« MONSEIGNEUR,

« Encore tout émus et sous le charme du magnifique discours que vous veniez de faire entendre, nous voulions
aller vous exprimer, de vive voix, toute notre admiration
et toute notre reconnaissance; mais nous avons craint
d'être indiscrets, nous avons respecté vos glorieuses fati-
gues. Des voix autorisées vous ont déjà dit avec plus d'éloquence que nous ne pourrons le faire le bonheur que vous
nous avez causé, l'immense effet produit par votre parole;
en venant donc vous remercier aujourd'hui, en vous disant
que ce discours est l'un des plus signalés services que vous
ayez rendus à la sainte cause dont vous êtes l'infatigable
défenseur, nous ne faisons que répéter ce que proclament
à l'envi et ceux qui ont eu le privilége de vous entendre, et
ceux qui vous ont lu.

« Grâce à vous, Monseigneur, grâce au héros dont vous
avez si éloquemment retracé l'histoire, notre vieille cathédrale a vu réuni dans sa vaste enceinte un auditoire tel
qu'elle n'en a probablement jamais vu et qu'elle n'en verra
peut-être jamais un ni plus nombreux ni plus choisi. Vous
l'avez rendue témoin de la plus imposante manifestation
catholique. C'était un grand, c'était un touchant spectacle
de contempler ces évêques, ce millier de prêtres et ces
flots pressés d'hommes, l'élite de la société, venus pour
protester de leur foi et de leur dévoûment à la sainte Église
et à son Chef; mais ce spectacle, vous l'avez considérable-
ment agrandi, Monseigneur, quand votre voix est venue
communiquer le mouvement, la vie à ce corps immense, et
donner à cette solennelle manifestation sa véritable et com-
plète signification, quand vous avez si bien rendu les pensées et les sentiments de toutes ces âmes, quand vous avez

touché si habilement les ressorts les plus délicats de la conscience humaine. De toutes vos paroles s'exhalait un parfum d'honneur, de patriotisme et de religion qui réjouissait et fortifiait tous ces cœurs chrétiens et français. Votre langage si noble et si religieux les a tous ravis.

« Ça été une heureuse inspiration, dont Votre Grandeur voudra bien nous permettre de féliciter ici Monseigneur notre Evêque, d'avoir confié l'éloge du guerrier de notre temps le plus dévoué aux intérêts catholiques, au pontife, à l'orateur le mieux fait pour le comprendre, et de présenter en un même jour à notre admiration deux des plus intrépides champions des droits sacrés du Saint-Siége. Car, Monseigneur, ce que La Moricière était prêt à faire à toute heure avec sa brave épée, vous n'avez cessé de le faire tous les jours avec votre vaillante parole. Vous avez apporté l'un et l'autre à la défense des intérêts de l'Eglise, même ardeur, même dévoûment, une activité généreuse que rien n'a pu lasser. Vous montez à l'assaut avec la même intrépidité que La Moricière en ses grands jours ; comme lui, on vous voit partout sur la brèche, portant toujours à l'ennemi les premiers et les meilleurs coups.

« Chaque combat que vous livrez est pour vous un triomphe, en cela plus heureux que votre héros, si les défaites de La Moricière, comme vous l'avez si admirablement dit, ne devaient pas lui être comptées plus que ses victoires les plus éclatantes.

« Le 17 octobre restera donc, Monseigneur, une date à jamais mémorable ; vous avez accompli ce jour-là un grand acte qui comptera parmi les plus grands de votre vie si bien remplie ; vous avez ce jour-là bien mérité de l'Eglise et de la France. Cette date glorieuse pour la religion marquera une des plus belles pages de l'histoire de notre église cathédrale, et elle nous rappellera l'un des plus beaux et des plus doux souvenirs de notre vie sacerdotale.

« Veuillez agréer,

« Monseigneur,

« l'hommage de notre reconnaissance et de notre religieuse vénération. »

(Suivent les signatures.)

Réponse de Mgr l'Évêque d'Orléans.

« Orléans, 10 novembre 1865.

« Monsieur le Vicaire Général,

« Veuillez être mon interprète auprès du vénérable chapitre de la Cathédrale de Nantes, et dire à ces Messieurs et à vos bons confrères combien j'ai été touché et reconnaissant de la lettre que Messieurs les grands vicaires et Messieurs les chanoines m'ont fait l'honneur de m'écrire.

« C'est moi, Messieurs, qui dois vous remercier ici, et remercier aussi votre saint Evêque, à l'invitation duquel j'ai dû de pouvoir rendre au noble général de La Moricière, comme je l'ai pu et selon mes forces, le témoignage qu'il méritait. Ce grand concours dans votre vieille basilique m'a profondément ému, et il me semblait par moments que je sentais passer dans mon âme l'âme de la catholique Bretagne. Ce qui a surtout réjoui mes yeux et mon cœur, je dois le dire, c'étaient les rangs pressés de ces douze cents prêtres qui formaient une si magnifique couronne autour de l'autel, et qui témoignaient avec éclat, par leur présence, que la reconnaissance, cette vertu si rare de notre temps, vit toujours au cœur de l'Eglise.

« Si quelque effet a suivi ma parole, comme vous voulez bien me le dire, c'est d'abord au grand sujet que je traitais, c'est ensuite à l'auditoire si sympathique que vous aviez réuni là, qu'il faut l'attribuer. Les mots de religion et de patrie, de justice, de fidélité et d'honneur, vibraient d'eux-mêmes dans toutes ces âmes bretonnes, françaises et chrétiennes, qui m'écoutaient. Il sortait de cette immense assemblée et de toutes ces âmes émues comme une protestation silencieuse, mais solennelle, pour l'éternel droit et l'éternel honneur, dont celui que nous pleurions avait été le champion vaincu, mais glorieux.

« La grande cause pontificale ne peut être sauvée par des paroles, sans doute, ni par ces muettes protestations de la douleur et du respect; mais elle peut être honorée jusqu'au bout par d'invincibles dévoûments. Espérons qu'au moins ce jour du 17 octobre aura réchauffé encore dans tous les cœurs généreux, pour cette cause si juste et si délaissée, la flamme sacrée d'un dévoûment qui ne périra jamais.

« Veuillez agréer tous mes plus reconnaissants et dévoués hommages en Notre-Seigneur.

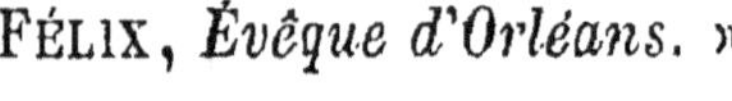

† FÉLIX, *Évêque d'Orléans.* »

—⸺∞⸺—

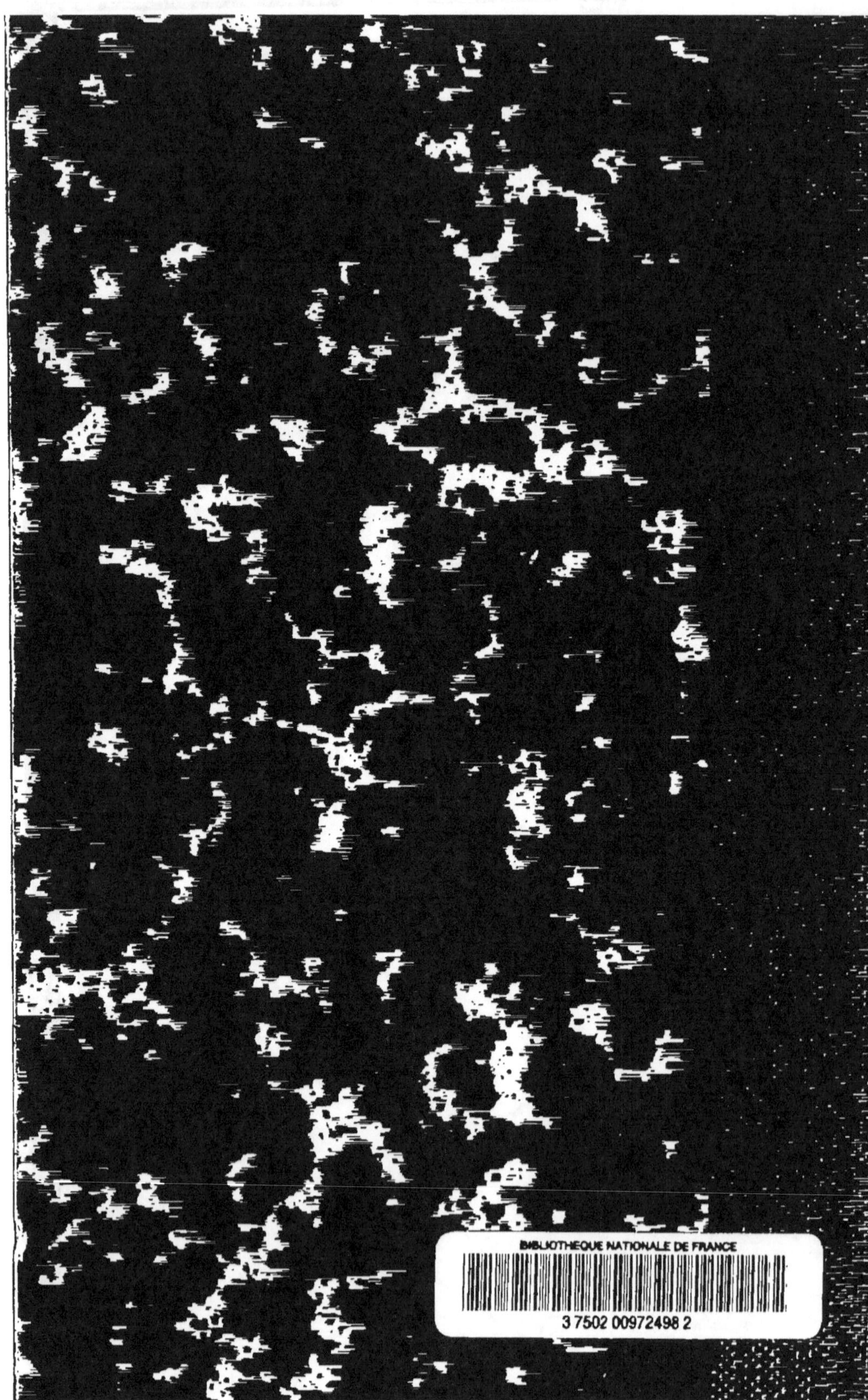

BIBLIOTHEQUE NATIONALE DE FRANCE
3 7502 00972498 2